本书为国家语委十三五 2017 年重点项目
"少数民族地区外语教育现状调研与对策研究"
（ZDI135-50）成果

民族地区外语教育有效路径探索

鲁子问　刘照惠　◆　主编

版权专有 侵权必究

图书在版编目（CIP）数据

民族地区外语教育有效路径探索 / 鲁子问，刘照惠主编． -- 北京：北京理工大学出版社，2021.7
ISBN 978-7-5763-0067-3

Ⅰ．①民… Ⅱ．①鲁… ②刘… Ⅲ．①民族地区－外语教学－教学研究－中小学 Ⅳ．① G633.402

中国版本图书馆 CIP 数据核字（2021）第 138719 号

出版发行 /	北京理工大学出版社有限责任公司
社　　址 /	北京市海淀区中关村南大街 5 号
邮　　编 /	100081
电　　话 /	（010）68914775（总编室）
	（010）82562903（教材售后服务热线）
	（010）68944723（其他图书服务热线）
网　　址 /	http://www.bitpress.com.cn
经　　销 /	全国各地新华书店
印　　刷 /	河北华商印刷有限公司
开　　本 /	720 毫米 ×1092 毫米 1/16
印　　张 /	14
字　　数 /	196 千字
版　　次 /	2021 年 7 月第 1 版　2021 年 7 月第 1 次印刷
定　　价 /	84.00 元

责任编辑 / 武丽娟
文案编辑 / 武丽娟
责任校对 / 刘亚男
责任印制 / 施胜娟

图书出现印装质量问题，请拨打售后服务热线，本社负责调换

主 编

鲁子问　刘照惠

编 委

张荣干　陈晓云　周晓玲　郝利强
纳成仓　侯云洁　呼和塔拉　汪金霞　王东君

前言

发展少数民族地区外语教育，不仅可以促进教育公平，进而促进社会公平，还可以为选拔与培养我国外语人才扩大备选库，进一步适应我国社会经济与教育发展对外语人才的迫切需求。

为此，我们集中精力，于 2015—2020 年开展少数民族地区外语教育研究，力图探索适合我国少数民族地区外语教育现状与未来发展需求的有效路径。这一努力在 2017 年得到国家语委的支持，国家语委批准我们开展国家语委十三五 2017 年重点项目"少数民族地区外语教育现状调研与对策研究"（ZDI135-50）。迄今三年，该项目获得些许成果。我们发现：复合形态的外语教育路径特别适合我国少数民族地区外语教育现状与未来发展需求，非对称双语/三语教育模式在我国少数民族地区外语教育中具有显著作用。我们特将相关探索凝汇于此，结为一卷，以为小结。

需要说明的是，国家语委课题指向的是少数民族地区外语教育，但由于少数民族地区开设的主要是英语，所以本书实践案例都是英语教育实践案例。本项目亦曾尝试探索日语教育实践，但没有形成案例，故本书未有收入，特此说明。另外，我们在宁夏开展了基于互联网技术的民族地区外语教育探索，但由于当地技术原因，迄今没有收集到有效数据，所以没能形成有效凝练，故而本书暂时不做分析，待获得有效数据后，另行分析。同时，对大学阶段民族地区外语教育，我们亦开展了多项实践探索，其成果收入贵州省双一流学科建设项目，此书亦不做分析，特此说明。

正如多位指导本项研究的学者指出的那样，复合路径与非对称模式，亦可用于其他领域教育，比如农村地区外语教育等。我们的确亦曾将其用于探索农村地区外语教育，并取得了些许进展。复合路径与非对称模式起源于我们对少数民族地区外语教育的探索，而对农村地区外语教育的探索亦基于此。为此，我们还将持续探索复合路径与非对称模式的更多实践场景。若实践可行，亦应归于我们对少数民族地区外语教育的探索。感恩国家语委对于这一探索的支持。

本课题研究与本书的撰写得到了课题组全体成员的参与和支持。课题负责人鲁子问负责研究设计与组织以及各地的课堂实践，兴义民族师范学院刘照惠教授负责课题理论研究并参与复合形态路径研究，英国利兹大学博士生张荣干老师参与调查分析，广州大学附属中学陈晓云老师（正高级教师）参与复合路径与非对称双语模式理论研究和课堂实践，广西师范大学周晓玲教授、武汉大学博士生郝利强老师参与非对称双语模式理论研究，青海师范大学纳成仓教授、云南师范大学侯云洁副教授、内蒙古师范大学呼和塔拉博士、新疆教育学院实验小学汪金霞老师、宁夏吴忠市红寺堡区教培中心王东君老师协助各地课堂实践，在此特别致谢。同时感谢兴义民族师范学院党委书记吕国富教授、科研处杨欢欢处长与何飞副处长等的长期支持！感谢英国利兹大学 Martin Wedell 博士对民族地区外语教育复合路径研究的指导！感谢同济大学沈骑教授对民族地区外语教育非对称双语/三语教学模式研究的指导！

我们对我国少数民族地区外语教育的探索研究仅五年时间，本书亦只是我们的第一项实践研究的记录，肯定还存在很多不足，甚至谬误，诚请各位专家与读者，从理论与实践多个视角批评指正，从而使之得以不断发展，并尽可能完善。

是为序。

鲁子问
2020 年 4 月 15 日
于贵州省黔西南布依族苗族自治州

目录

第一章　民族地区外语教育研究发展分析　1

第二章　民族地区外语教育现状调查分析　31

第三章　民族地区中小学复合形态学科教育可能　105

第四章　民族地区英语教育复合形态路径探索　117

第五章　民族地区小学英语教育复合形态实践探索　131

第六章　民族地区初中英语教育复合形态实践探索　144

第七章　民族地区高中英语教育复合形态实践探索　161

第八章　民族地区中小学英语教育复合形态区域性实践探索　167

第九章　民族地区外语教育非对称双语模式探索　177

第十章　布依族地区外语教育非对称双语实践探索　197

第十一章　彝族地区外语教育非对称双语实践探索　207

ON EFFECTIVE WAYS OF FOREIGN LANGUAGE EDUCATION IN ETHNIC AREAS

民族地区外语教育：困难与机遇并存

我国地域广阔，民族众多，各地社会经济与教育发展不一，民族地区的社会经济与教育发展亦如此。有些民族地区教育质量高于全国平均水平，但大多数民族地区教育发展仍低于全国平均水平，外语教育亦如此。"民族教育发展仍面临一些特殊困难和突出问题，整体发展水平与全国平均水平相比差距仍然较大"，这已经成为实现"建设全面小康社会"目标亟待解决的问题。为此，国务院2015年8月颁布了《国务院关于加快发展民族教育的决定》，要求"坚持缩小发展差距。坚持民族因素和区域因素相结合，完善差别化区域政策，分区规划，分类指导，夯实发展基础，缩小发展差距，促进教育公平，绝不让一个少数民族、一个地区掉队，推进民族教育全面发展。坚持结构与质量并重。适应区域发展总体战略和'一带一路'建设需要，优化教育结构，科学配置资源，提高教育质量，提升少数民族和民族地区学生就业创业能力和创造幸福生活能力，促进民族教育与经济社会协调发展。"[①]

促进民族地区外语教育发展，促进民族地区与其他地区外语教育均衡发展，有助于促进教育公平，从而促进社会公平。

综合分析可知，当前我国民族地区外语教育困难与机遇并存。

其困难主要表现为：学生的外语能力与其自身发展需求（尤其是学业发展需求）存在很大差距；教师外语能力和外语教育能力与外语教育需求存在较大差距；民族地区外语语言环境与外语教育需求存在较大差距。其显著机遇表现为：民族地区学生具有外语学习显著优势。大部分少数民族地区的学生具有多语言能力，尤其是民族村寨的学生，一般都会讲当地汉语方言、普通话和当地民族语言。如贵州望谟县布依村寨的布依族儿童会讲望谟当地汉语方言和望谟布依语（布依语以较有代表性的望谟县复兴镇话为基础），云南澜沧拉祜族自治县的拉祜族村寨的儿童会讲拉祜语（拉祜语的主要方言拉祜纳方言以澜沧县

---

① 国务院. 加快发展民族教育的决定[N]. 中国民族报，2015-08-18(03).

勐朗镇及郊区的语音为标准音）和澜沧当地汉语方言。到一定年龄后，他们开始学习普通话，还可能和当地成年人一样，随着与傣族人的交往而学会傣语。由此可知，会讲民族语言的学生在学习英语等外语之前已经学习，甚至学会了多种语言：本民族母语、当地汉语方言、以及普通话，甚至邻近民族的语言。他们的语言学习经历，为其外语学习奠定了非常重要的语言学习心理基础，既包括学习动机、学习态度、学习焦虑调适等基础，又包括学习策略的基础。

虽然民族地区学生的英语基础比较薄弱，但从另一方面分析，这在初期更容易形成较快的发展。因为从低水平往高水平发展的速度可以很快，但到了高水平进入高原期，发展反而会出现边际效益递减。所以，从发展视角看，基础弱，也是一种机遇。

最后，互联网，尤其是移动互联网技术的发展与普及，为民族地区外语教育创造了较之以往更佳的外语教育环境。随着计算机技术的普及，民族地区的学生可以与任何地方的学生一样，通过互联网而直接阅读来自互联网的英文材料、观看来自互联网的英语视频、与英语国家的人进行直接交流，从而具有基本相同的英语学习和运用环境，使得民族地区学生可以与其他地区学生一样直接在以英语为母语水平的英语环境中学习英语。

另外，我国学生发展核心素养体系的建立也为民族地区的英语教育带来了新机遇。外语课程设定的学生发展核心素养为：语言能力、文化品格、思维品质、学习能力。这其中除了在语言能力上民族地区的学生与其他地区的学生相比可能存在一定差距外，在其他三项素养上，他们基本都在相同的水平上。民族地区的学生在某些方面甚至优于其他地区的学生，因为他们可能具有更质朴的品格，多语言、多文化的接触使他们的思维品质发展有更多空间，而且生活条件的相对贫困使他们可能具有更强的学习动力，等等。

困难需要探索方能找到解决之道，机遇需要努力方能抓住。促进民族地区外语教育发展，需要开展对其有效路径的深度探索。

第一章 民族地区外语教育研究发展分析

我国对于民族地区中小学外语教育的学术研究虽然历史不长，但迄今已有一些有影响的研究成果，对这些研究成果的梳理可以为深化与拓展民族地区外语教育的有效路径探索明确方向。笔者在中国国家图书馆对民族教育与外语教育的两个领域的学术著作和学术期刊进行了查阅，同时在中国知网对学术期刊论文进行了检索，发现相关研究数量有限。笔者于2020年3月20日在中国知网以"民族外语教育"为关键词进行"主题"搜索，获得1996年以来文献104篇，年均7.4篇；以"民族外语"为关键词进行"主题"搜索，获得1978年以来文献309篇，年均7.7篇；以"少数民族外语"为关键词进行"主题"搜索，获得1981年以来文献172篇，年均4.4篇；以"民族三语"为关键词进行"主题"搜索，获得1995年以来文献220篇，年均8.8篇；以"民族地区英语"为关键词进行"主题"搜索，获得1994年以来文献1048篇，年均40.3篇。以上全部数据，即使是文献最多的"民族地区英语"，也远低于以"英语教育"为关键词进行"主题"搜索而获得的1974年以来文献10591篇、年均230.2篇的文献量[①]。为此，笔者决定对截至2020年3月与本项研究（少数民族地区外语教育现状与对策）相关的论文与著作的内容进行简要分析，不进行定量分析。

笔者发现，1979年以前，我国民族地区外语教育研究几近于无。2016年4月16日~18日，我国著名外语教育家、北京外国语大学陈琳教授，应邀到兴义民族师范学院出席"英语教育辩证实践路径学术研讨会"并做主旨演讲，笔者就1949—1979年的民族地区外语教育问题向其请教。据1950年进入北京外国语学院（现北京外国语大学）任教、长期参与国家外语教育政策制定的陈琳教授所述，我国1949—1979年外语教育的主要目的是为国家培养急需的外语人才，教育公平尚无法成为那一阶段的主要目标。所以，民族地区外语教育没有进入全国性外语教育政策。那一阶段最为集中的外语教育文件是1964年国务院颁布的《外语教育七年规划纲要》，其中也没有提到民族地区外语教育问题。那一阶段民族地区外语教育的探讨主要来自民族地区的外语教师，如新疆、内蒙古等地的外语教师曾与陈琳教授讨论新疆的

---

① https://kns.cnki.net/kns/brief/default_result.aspx. 20200320 retrieved.

俄语教育，云南等地曾经有教师与陈琳教授讨论云南的缅甸语等外语教育，但一是仅限于高校之间的讨论，二还只是零星的探讨，没有形成规模。笔者亦曾在中国国家图书馆检索1979年之前的外语教育相关学术期刊，亦无有价值的发现。

为此，笔者基于中国国家图书馆、中国知网的文献，根据本项研究的需要，梳理了1979年以来的民族外语教育研究论文与著作，以确定民族地区外语教育发展的方向与路径。以下将对所选择的论文与著作，按照编年顺序进行梳理和简要分析。

目前在中国国家图书馆和中国知网可以阅读到的有关民族地区外语教育的文献中，相对较早的是1979年新疆大学刘遵圣、崔延虎发表的"关于对少数民族学生进行英语教学若干问题的探讨"。该文就如何对新疆维吾尔、哈萨克等少数民族学生进行英语教学开展了探讨，明确提出了少数民族学生第二语言学习经历、较强的语言模仿能力等学习优势，提出了抓住重点、突出语法、注重情境设计等非常有价值的民族地区外语教育建议[①]。作为改革开放初期的外语教育论文，此文的开创性非常突出，不仅明确提出了外语教育一般重视的情境设计等问题，更是明确提出了少数民族学生第二语言学习经历和较强的语言模仿能力可以成为少数民族地区外语教育的优势。

1981年，卞存春翻译发表了美国哥伦比亚特区教师学院（District of Columbia Teacher's College）Louise J. Hubbard"讲外语的少数民族学生"一文，介绍了美国的黑人学生等少数民族学生学习外语的情况，尤其是可能带来的自我发展、生存境遇的改变以及获得更好的工作机会等，其中还介绍了Hubbard对此提出的系列建议[②]。本文突出介绍了外语教育对美国少数民族学生个人价值取向的影响问题，非常值得我们在民族地区外语教育中借鉴。我们一方面要突出我国教育特别强调的外语教育的社会价值，另一方面对于很多认为自己为社会做出有限贡献的民族地区学生来说，强调外语教育的个人价值取向，未尝不是一种促进他

---

① 刘遵圣，崔延虎. 关于对少数民族学生进行英语教学若干问题的探讨[J]. 新疆大学学报（哲学社会科学版），1979(3)：109-115.
② [美]Louise J. Hubbard. 讲外语的少数民族学生[J]. 卞存春，译. 国外外语教学，1981(2)：23-27.

们学习外语的有效方法。

1983年，中央民族学院（现中央民族大学）林德懋发表了"关于民族院校外语教学的几点看法"一文，分析了民族院校外语教学的特点，提出根据学生专业选择语种，按照学生水平编班教学，组织编写适合民族院校的外语教材，开展相关研究，基于民族院校基础和需求建设师资队伍等具体建议[①]。本文主要针对民族院校的外语教育展开探讨，其中的差异化教学（按学生水平编班），可以为民族地区中小学外语教育所借鉴。

1985年，中央民族学院（现中央民族大学）王濂溪发表"从实际出发，为开创民族院校外语教学新局面而努力"一文，就精读、泛读、快读、一会与四会等介绍了操作性实践做法[②]。该文的操作性做法具有针对性，尤其是基于能力目标的语言知识与技能学习，依然非常值得现今的民族地区外语教育实践所借鉴。

1985年，西南师范大学（现西南大学）张正东发表"甘孜藏族自治州英语教学问题"一文，介绍了他在甘孜州对汉族学生与藏族学生的调查发现，分析了教材、教师、语种等方面的问题[③]。该文介绍的问题至今依然存在，这是非常值得反思的，为什么这些问题35年之后依然没有得到解决：是问题本身无法解决，还是问题本身不是问题而是现象。

1985年，厦门第二中学吕良德发表（A Foreign Language Must Be Taught through the Mother Tongue）一文，介绍了借助母语优势学习外语，而不只是用外语学外语的观点：母语有助于外语学习，外语学习不应该脱离母语[④]。这一观点本身虽然讨论的是借助汉语帮助学习英语的可能，但对于民族地区外语教育亦有很多启发：一是其不脱离母语学习外语的分析，对民族地区基于民族语言开展外语教育具有启发；二是对能讲当地汉语方言，乃至普通话的民族地区学生，亦可探索借助汉语帮助学习英语的可能。21世纪之后的多部民

---

① 林德懋. 关于民族院校外语教学的几点看法[J]. 中央民族学院学报，1983(3)：27-29.
② 王濂溪. 从实际出发，为开创民族院校外语教学新局面而努力[J]. 中央民族学院学报，1985(2)：38-42；14.
③ 张正东. 甘孜藏族自治州英语教学问题[J]. 中小学英语教学与研究，1985(2).
④ 吕良德. A Foreign Language Must Be Taught through the Mother Tongue[J]. 英语世界，1985(6)：94-96.

族地区外语教育专著与博士论文、硕士论文和多篇期刊论文都对借助民族学生的母语、汉语促进外语学习进行了探索,形成了"民汉外"三语教育模式,与此论文原理相同。

1987年,魏常明(部分文献原文未说明作者单位,故此处只能从略。下同。)发表"四川阿坝藏族自治州英语教学情况调查及改革建议"一文,在对当地英语教育进行调查的基础上,指出了考试、教师、课程开设、办学条件等问题,提出了领导重视、培养少数民族师资、配备教研员等对策建议①。该文对考试的重视源于现实,但这一问题迄今没有得到有效解决,更多是因为没有兼具社会稳定功能的考试改革,也无法跟上教育改革的步伐②。

1988年,陶继忠发表了"少数民族外语教学中存在的问题及解决办法"一文,也是基于对当地的调查和问题分析,提出了宣传外语的重要性及加强外语教学、基于学生民族语言优势开设其他语种的建议③。该论文提出的宣传外语的重要性,对于当前民族地区外语教育来说依然值得参考。因为一些学校动辄放弃对未来不参加高考的学生的外语教育,恰恰是因为没有看到外语教育对于当地社会经济与教育发展、当地的对外开放以及当地国民素养发展的积极作用。

1990年,朱晓慧发表了"从双语到英语——中国少数民族大学生正迎接挑战"一文,呼吁少数民族学生应发挥母语与汉语的双语优势努力学习英语④。该文作者激情澎湃地呼吁少数民族学生加强外语学习,对激发学生的学习兴趣与学习动机具有一定作用,这类激情宣讲对当前现状依然有参考作用。

1991年,中央民族学院(现中央民族大学)廉希霞发表"略谈民族院校英语教学改革"一文,介绍了该校在大学英语教育中基于《大学英语教学大纲》进行5年多实践的方法与成效,提出了分级教学、因材施教等有效方法⑤。这些方法对当前民族地区外语教育依然极有价值。

---

① 魏常明. 四川阿坝藏族自治州英语教学情况调查及改革建议[J]. 外国语文, 1987(3): 118-122.
② 鲁ף问. 考试政策的社会稳定功能案例分析[J]. 当代教育论坛, 2006(11): 51-53.
③ 陶继忠. 少数民族外语教学中存在的问题及解决办法[J]. 外国语文, 1988(2): 112-114.
④ 朱晓慧. 从双语到英语——中国少数民族大学生正迎接挑战[J]. 中南民族学院学报(哲学社会科学版), 1990(5): 87-92.
⑤ 廉希霞. 略谈民族院校英语教学改革[J]. 中央民族学院学报(哲学社会科学版), 1991(6): 71-73.

1992年，西北第二民族学院（现北方民族大学）高桂莲、李振仙发表"民族院校应加强外语教学听说训练"一文，介绍了其针对少数民族学生开展3年多的听力教学实践探索的案例，强调了听力学习的特性，突出了文化学习的必要性，其加强心理训练的做法很有特色[①]。该文专门探究了民族地区的听说教学，其中的文化学习与心理训练作为听说教学的策略依然有效。

1993年，在云南元江县民族中学担任英语教育工作的王学慧发表了"元江县中学英语调查——兼谈在少数民族聚居区进行英语教学的方法"一文，对云南省元江哈尼族、彝族、傣族自治县的中学英语教育现状进行了调查，基于调查梳理了学生的英语学习态度、教材、教师、社会经济条件等方面的问题，提出了简要建议[②]。该文涉及的学习态度和社会经济条件问题迄今如故，仍未得到有效解决。

1994年，四川石柱中学马培荣发表了"少数民族学生英语'四会'同步发展规律初探"一文，分析指出，由于历史原因，少数民族地处边远山区，交通不便，信息闭塞。少数民族学生的英语综合运用能力特别差，升入高校的学生不能适应教学，步入社会后也无法理解英语商标的意思。特别是在长期的传统教学过程中，过分偏重讲解，轻视能力培养，重语法、轻"四会"全面训练，导致学生知识面狭窄，高分低能。文中提到该校充分运用电化教学手段，促进学生听说读写同步发展，显著地提高了学生成绩[③]。该文介绍的信息化教育手段非常典型，可以有效弥补师资不足、资源不足等问题，迄今依然值得推广。

1994年，徐长扬、鲁恩宁发表了"恩施民族地区中学英语教学规律及特点探索"一文，基于他们在湖北鄂西土家族、苗族自治州的英语教育改革实践，提出了"更新教学观点，听说读写并进，排除方言干扰，提高教学质量"的探索路径[④]。该文排除方言干扰的做法与前述研究中的母语优势存在一定矛盾。哪一种更为有效，如何有效，需进一步探索。

---

① 高桂莲，李振仙. 民族院校应加强外语教学听说训练[J]. 西北第二民族学院学报（哲学社会科学版），1992(4)：89-94.
② 王学慧. 元江县中学英语调查——兼谈在少数民族聚居区进行英语教学的方法[J]. 玉溪师专学报，1993(1)：75-80.
③ 马培荣. 少数民族学生英语"四会"同步发展规律初探[J]. 外语电化教学，1994(2)：14-16.
④ 徐长扬，鲁恩宁. 恩施民族地区中学英语教学规律及特点探索[J]. 湖北民族学院学报（社会科学版），1994(4)：37-40.

1995 年，贵州民族学院（现贵州民族大学）杜勇发表"怎样培养少数民族大学生的阅读及听、说外语的能力"一文，介绍了该校基于学生的阅读能力优势进一步发展阅读能力、从准确性入手发展学生口语能力、利用语音室等现代化教学手段发展学生听力能力等实践探索[①]。该文强调了要基于学生已有优势开展外语教育，值得参考。

1995 年，西北师范大学西北少数民族师资培训中心焦瑶光发表"高师少数民族学生学习外语的实验研究"一文，介绍了该中心对 870 名少数民族学生开展外语学习实验的过程。该实验发现学生外语学习成绩有了显著提升，学生的民族并不影响其外语成绩，同时实验还形成了激发学习动机、因人授学与因材施教、增强学习自信心等有效方法[②]。该文提出的学习动机、自信心等内在方法对当前民族地区外语教育依然具有指导意义。其中因人授学的方法虽然教学成本较高，但对于学习有困难的学生所起到的帮扶作用，依然非常值得参考。

1996 年，新疆师范大学茹克叶·穆罕默德、崔延虎发表"新疆民族外语教育的思考"一文，分析了新疆少数民族学校民汉双语教育与外语教育的现实困难、师资困难等问题，建议从民族外语教育与地区社会经济发展协调发展的关系、外语教育在整个民族教育中的位置等宏观层次考虑民族地区外语教育，也提出从外语教育的布局和不同层次外语教育的设置、外语教育中不同民族语言的地位和作用等中观层次考虑民族地区外语教育，以及外语教学中教学媒介语的使用及局限性，外语教学中学生第二语言习得经验对教学方法的作用，学生的不同文化背景和文化模式对学习的影响和作用，双语教育后学生学习外语的跨语言、跨文化心理机制等外语教育内在要素进行考虑[③]。该文的多层次思考具有指导性作用，突出强调了民族地区外语教育的综合发展机制。

1996 年，毕节民族中学陈新瑜发表"民族中学外语教学改革初探"一文，介绍了该校采用张思中教学法（原文误植为"张恩中"，从其内容看，应为"张思中"）开展英语教学改革的情况[④]。该论文以具体

---

① 杜勇. 怎样培养少数民族大学生的阅读及听、说外语的能力[J]. 贵州民族学院学报（社会科学版），1995(1)：39-41.
② 焦瑶光. 高师少数民族学生学习外语的实验研究[J]. 民族教育研究，1995(1)：39-42.
③ 茹克叶·穆罕默德，崔延虎. 新疆民族外语教育的思考[J]. 新疆师范大学学报（哲学社会科学版），1996(4)：66-70.
④ 陈新瑜. 民族中学外语教学改革初探[J]. 民族教育研究，1996(3)：87-90.

案例说明该校没有完全照搬张思中教学法。比如对于"阅读原著"这四个字，该文没有介绍，说明不是该校的重点。这说明无论什么教学方法，无论其学习者来自哪一层次、哪一地区，无论其是否先进，在民族地区外语教育实践中，都需要结合本地区实际灵活运用，而不是完全照搬。

1997年，呼伦贝尔学院伊敏发表"论少数民族地区普及外语教育的必要性"一文，介绍了作者在内蒙古的相关调查，从国防需要、提高全民素质的需要以及实用性三个方面论证了在少数民族地区普及外语教育的必要性[①]。该文对于外语教育的国防意义和国民素质意义的强调，迄今依然是民族地区外语教育的重点之一。尤其是我国很多少数民族地区本身就是边疆地区，其国防意义更为重要；同时又是经济社会发展中地区，其国民素质也不可忽视。

1998年，青海民族学院（现青海民族大学）权生鳌、白佩君发表"结合民族学生实际提高外语教学质量——青海民族学院外语教学取得显著成绩"一文，介绍了该校狠抓教学质量，以改革求发展，以质量求生存，使教学工作焕发出新的生机与活力，教学质量稳步提高[②]。该文说明，青海少数民族学生的外语教育亦可取得有效发展。

1999年，王晓萍发表"论少数民族地区的外语教育"一文，分析了新疆与四川的数据，赞同在少数民族地区开展民汉外三语教学的设想，建议有计划地培养少数民族外语师资，以及加强少数民族地区的外语教学研究、学校与学校之间和地区与地区之间的广泛交流等建议[③]。该文提出的"加强民族地区外语教育研究与实践交流"的建议依然值得参考，因为至今仍无固定的民族地区外语教育学术交流机构和真正促进民族地区外语教育理论与实践交流的学术会议。

2000年，广西电大柳州地区分校张则刚发表"民族地区外语教学的积极对策"一文，提出从加强思想教育、过好语音关、扩增词汇总量等方面入手，引导学生养成良好的学习习惯，教师勤督促、多鼓励

---

① 伊敏. 论少数民族地区普及外语教育的必要性[J]. 民族教育研究，1997(4)：55-56.
② 权生鳌，白佩君. 结合民族学生实际提高外语教学质量——青海民族学院外语教学取得显著成绩[J]. 中国民族教育，1998(3)：36.
③ 王晓萍. 论少数民族地区的外语教育[J]. 新疆教育学院学报，1999(1)：37-40.

等操作性建议①。该文对思想教育和学习习惯的强调，对民族地区外语教育实践具有重要价值。

2001年，呼伦贝尔学院伊敏发表"关于民族语授课学生英/外语教学的调查与思考"一文，基于对该校接受蒙古语授课学生的外语教育问题的调查分析，表示赞同民汉外三语教育，并建议进一步培养能讲本民族语言的外语师资，从而加强民族外语教育研究②。该文从对蒙古族学生的三语教育实践分析肯定了三语教育实践的可行性。

2002年，由黔南民族师范学院王维刚与沈雁主编、30多位大学与中小学教师共同完成的《民族山区基础英语教学策略研究》一书介绍了黔南布依族苗族自治州中小学英语教学的经验，其中介绍了该州中小学教师对布依族、苗族、水族学生的英语教学策略③。全书以个人经验介绍为主，科学性研究为辅，其经验的共性与特性说明民族地区外语教育实践既应重视其共性方法，又应鼓励教师基于本校、本班实际情况采用有针对性的方法。

2003年，大连民族学院宋义淑、张春梅发表"音乐素质对外语学习的影响——少数民族外语教学实践中的体会"一文，探讨了音乐促进少数民族学生外语学习的有效性④。该文以日语教育为案例，指出日语语音的特性与日语歌曲的受欢迎程度促进了这一方法的使用。其有效性亦说明，少数民族学生擅长唱歌的特性，亦可成为民族地区外语教育实践的一种优势。

2004年，肖雪在中央民族大学完成硕士论文"凉山彝区彝英双语教学调查研究——以西昌市民族中学为个案"并通过答辩。该文介绍了对一所民族学校进行的调查，探索了针对汉语水平不高的彝族学生借助彝语学习英语的可能性，提出其研究成果对南方地处偏僻、汉语基础较差的少数民族的外语教学具有一定的参考和借鉴意义⑤。该文以调查为主要形式，其彝英双语的调查说明，对具有少数民族母语优势的学生直接开展外语教育亦是一种可能，但这要求外语教师本身亦能

---

① 张则刚. 民族地区外语教学的积极对策[J]. 广西广播电视大学学报, 2000(3): 45-48.
② 伊敏. 关于民族语授课学生英/外语教学的调查与思考[J]. 呼伦贝尔学院学报, 2001(3): 62-63.
③ 王维刚, 沈雁. 民族山区基础英语教学策略研究[M]. 贵阳: 贵州人民出版社, 2002.
④ 宋义淑, 张春梅. 音乐素质对外语学习的影响——少数民族外语教学实践中的体会[J]. 满族研究, 2003(2): 94-96.
⑤ 肖雪. 凉山彝区彝英双语教学调查研究——以西昌市民族中学为个案[D]. 北京: 中央民族大学, 2004.

很好地使用民族语言。根据笔者在藏族地区对一位76岁藏族年长者的访谈发现，他们小时候的英语教师不会讲汉语，只会讲藏语和英语，一直使用藏语和英语作为教学语言。显然，民外双语教育是民族地区外语教育实践的一种传统形态，亦是一种有效形态。

2005年，云南师范大学李少伶主编的《少数民族地区英语教学改革研究》一书在云南大学出版社出版。该书介绍了作者团队对云南中小学英语教学进行的调查、报告和课改实验报告，然后针对课程改革、语言教学、教师教育等方面提出了一定的对策[①]。该研究在民族学生层面只涉及纳西族学生的英语学习，而且对民族需求调查与适切性研究几乎没有涉及，其教学建议都是基于调查提出的，只涉及极少的教育实验，运用能力培养实验也只是一所学校的实验，教育技术实验的结论也来源于一所学校的数据，所以其对策未能形成真正的影响。

2005年，杨家丽在云南师范大学完成硕士论文"石林县彝族撒尼学生的母语（彝语）对英语学习的影响研究"并通过答辩。该文通过对英语和彝语两种语言在语音、词汇和语法三方面的对比和分析，发现这两种语言之间存在着许多概念性的共性。该文提出，了解两种语言的异同和撒尼族学生的一些特点，有助于找到合适的教育教学方法，有效地提高少数民族学生的英语学习成绩[②]。该文对于英语和彝语的比较分析有助于开展彝语民族地区的外语教育实践，但其基于语言比较分析得出的教学方法结论，尚需要实践验证。

2006年，西北师范大学、甘肃联合大学的姜秋霞、刘全国、李志强发表了"西北民族地区外语基础教育现状调查——以甘肃省为例"一文。该文调查了甘肃省5个少数民族州县的21所中小学，指出由于母语、第二语言（汉语）和外语三种语言的相互影响，民族地区中小学生的外语学习具有特殊性和复杂性，而且存在外语教师数量不足、学历偏低、知识结构单一等问题。该文建议民族地区的外语教学在教授语言技能的同时，应借鉴国内外双语教学理论、民族教育学、第二语言习得理论和外语教学的相关理论，探索多元文化环境下"三语教学"

---

① 李少伶. 少数民族地区英语教学改革研究[M]. 昆明：云南大学出版社，2005.
② 杨家丽. 石林县彝族撒尼学生的母语（彝语）对英语学习的影响研究[D]. 昆明：云南师范大学，2005.

的外语教学理论与模式，并针对少数民族外语教育现状，充分利用农村中小学现代远程教育工程的基础设备和资源条件，开发符合本地文化特色和教育现状的远程教育辅助资源库，积极探索民族地区外语师资远程培训的模式[①]。该文是在迄今我国外语教育领域最具影响力的刊物之一上发表的民族地区外语教育论文，论文指出在西北民族地区调查发现的学生动机问题、教师三语能力问题等迄今依然存在，提出的多元文化教育理论方法迄今依然具有指导意义，尤其是其提出的推广互联网远程解决师资困难等问题，当前随着移动互联网技术发展，更加具有显著优势。该论文在研究方法上的选择亦有参考意义，即在对892名学生（其中少数民族学生567人，汉族学生325人）、52名教师和17名教务管理人员进行问卷调查的基础上，在每所学校选取1位校领导、2位英语教师和5位学生进行访谈，同时在每所学校的样本班级进行课堂观察，以进一步弄清问卷答案背后的内在原因与相关因素，深入了解外语教学方法和课堂教学效果，以及现代化信息技术的具体应用情况。这说明多样性的方法结合，是调查的关键。

2006年，中央民族大学何克勇、徐鲁亚发表了"少数民族大学生学习英语的特点及问题分析——以中央民族大学为例"一文。该论文分析了少数民族学生学习英语的动机、努力程度与学习策略，民族文化对学生英语学习的影响，以及少数民族大学生在英语学习中经常采用记忆策略，但形式比较单一：他们中的大多数喜欢采用反复操练的方法提高自己的英语水平，但受客观条件限制，缺乏练习英语的机会；大多数少数民族大学生还没有掌握如何在英语学习中使用补偿策略，这在一定程度上阻碍了他们有效地进行英语交际活动；一部分少数民族大学生经常采用元认知策略，能在学习中自觉地制订学习计划，反复复习巩固学习成果，并能经常地检查学习效果，但相当一部分学生不使用元认知学习方法，这也是阻碍他们英语水平提高的一个不可忽视的原因；大部分少数民族学生在英语学习中忽视情感策略和社交策略，他们的英语学习环境和条件也在一定程度上影响和制约了这些策略的

[①] 姜秋霞，刘全国，李志强. 西北民族地区外语基础教育现状调查——以甘肃省为例[J]. 外语教育与研究，2006(2).

运用；还有一部分人经常采用中文翻译策略和本民族语翻译策略，这对英语的学习形成了多语言的负迁移①。该文对在民族地区外语教育实践中指导学生发现和掌握有效的外语学习策略，具有现实参考价值。

2006年，车雪莲在东北师范大学完成硕士论文"延边地区朝鲜族中小学三语教育对我国少数民族三语教育发展的启示"并通过答辩。该论文介绍了作者对延边朝鲜族自治州中小学开设三语教育发展的历史脉络的分析，通过纵向的比较研究，分为萌芽与自发发展、初创与探索、徘徊与曲折、调整与复兴、充实与完善五个阶段进行比较论述，以民族学、教育学、语言学、心理学和文化学等学科的理论为基础，分析目前在延边朝鲜族地区中小学阶段中开设三语教育所面临的难题，并基于朝鲜族作为跨境民族的条件，提出自己的解决对策：重视三语教育的必要性，加强三语教师的能力培养，并加强校园和社会的语言环境建设，争取国内外援助以改善硬件设备，为少数民族人才开设多种留学机会，鼓励合作办学②。该论文中朝鲜语的跨境优势，尤其是对韩国等跨境地域的语言人才需求，对于跨境民族的外语教育具有很强的参考性。尤其是在"一带一路"倡议下，对我国西南、西北民族地区的跨境民族的外语教育具有借鉴意义。

2006年，昆明医学院卢宁发表"少数民族地区外语师资复合培养模式"一文，提出从汉语英语的复合、专业与技术的复合培养少数民族地区外语师资的设想③。该论文的复合设想来自高校复合型人才的设计，对民族地区外语教育课程等亦具有一定的参考性。

2006年，成都信息工程学院杨小鹃发表"少数民族英语教育的问题与对策"一文，分析了少数民族地区英/外语教学中存在的认识不足、对学生学习困难估计不足、教学条件不足等问题，提出了加强对外语教育重要性的认识、改革课程设置、加强培养师资的建议④。该文再次强调了早在1988年陶继忠的论文中就已经反复强调的加强对外语教育

---

① 何克勇，徐鲁亚. 少数民族大学生学习英语的特点及问题分析——以中央民族大学为例[J]. 西南民族大学学报（人文社科版），2006(12)：265-267.
② 车雪莲. 延边地区朝鲜族中小学三语教育对我国少数民族三语教育发展的启示[D]. 长春：东北师范大学，2006.
③ 卢宁. 少数民族地区外语师资复合培养模式[J]. 湖北教育学院学报，2006(6)：108-109.
④ 杨小鹃. 少数民族英语教育的问题与对策[J]. 贵州民族研究，2006(3)：133-137.

重要性的认识这一点，这说明这一问题依然没有得到有效解决，这也是当前民族地区外语教育实践亟待解决的问题。

2007年，云南大学出版社出版了胡德映在澳大利亚 La Trobe 大学通过答辩的博士论文《云南少数民族三语教育》。该文基于在西双版纳对 15 位教师和 539 位学生的调查，探索云南少数民族将英语作为第三语言学习的情境，发现和分析了云南少数民族学生在英语学习上的困难[①]。该研究具有较强的学术性，教学对策研究具有实践指导意义，有助于开展民族地区外语教育具体的课题实践。

2007年，原一川在澳大利亚 La Trobe 大学通过答辩的博士论文《少数民族学生英语学习态度和动机实证研究》在上海外语教育出版社出版。该文介绍了作者对云南三个自治州中彝族、壮族、苗族和哈尼族的 721 位初中二年级、高中二年级学生英语学习态度与动机的调查，发现内部动机、对外国语言和文化的态度、父母和老师的期望以及对自己民族身份的态度与其英语水平成正相关，其皮尔逊相关系统分析、多元回归分析使该项研究具有很强的理论说服力，是迄今该领域最具有学术性的著作[②]，可以对民族地区外语教育的具体课题实践起到强有力的指导作用。

2008年，李强的《母语文化背景下少数民族学生英语习得研究》一书在云南民族出版社出版。该书基于调查，主要研究了少数民族学生的母语及母语文化相关因素对英语习得的干扰和影响[③]。该书以调查研究为主，对如何克服干扰因素、探索民族地区外语教育实践的有效路径，具有一定的参考性。

2008年，赵俊海在云南师范大学完成硕士论文"纳西族学生英语学习的母语文化视角研究"。该文首先提出母语文化对纳西族英语学习者的学习有显著影响这一假设，然后通过访谈和问卷调查的方式对这一假设进行定性研究。研究结果表明，母语对纳西族学生的英语学习影响显著，主要表现在语音、语序以及句法方面。文化也是一个具

---

① 胡德映. 云南少数民族三语教育[M]. 昆明：云南大学出版社，2007.
② 原一川. 少数民族学生英语学习态度和动机实证研究[M]. 上海：上海外语教育出版社，2007.
③ 李强. 母语文化背景下少数民族学生英语习得研究[M]. 昆明：云南民族出版社，2008.

有深远影响的因素，但影响的程度及显著性相对较弱[1]。该文说明基于民族文化开展英语教育具有可行性。

2008年，刘子安在东北师范大学完成硕士论文"朝鲜族初中英语学困生词汇学习策略的调查研究"并通过答辩。该文报告了对朝鲜族学生英语词汇学习的调查研究。该研究使用定性和定量两种研究方法，采用问卷调查、访谈和词汇测试的形式，比较系统地研究了长春市朝鲜族中学初中二年级三个班183名学生的词汇学习策略使用情况，得出以下结论：①朝鲜语的负迁移、朝鲜语依赖策略和汉语作为媒介语的英语教学是影响朝鲜族初中英语学困生英语词汇学习策略的因素，也是导致其词汇学习困难的重要原因；②机械重复记忆策略是朝鲜族初中英语学困生所采取的主要记忆策略，所以策略性知识的缺乏是导致其学习困难的另一个重要原因[2]。该文说明母语在词汇学习中存在负迁移现象。笔者判断，这可能与朝鲜语和英语的异同性（语言距离）正相关。因此，在对母语促进外语学习的考量中，亦需考虑母语与外语的异同性。

2010年，曾丽在西南大学完成博士论文"苗族学生在三语习得中元语言意识的发展"并通过答辩，这是较早的对于少数民族学生外语学习进行研究的博士论文。该文对苗族中小学生英语学习中的元语言意识进行了研究，语言学理论性较强。三语习得的研究产生于20世纪80年代，其研究基于英语在全球范围的日益普及，人口迁移日趋频繁，同时越来越多的国家和地区对其境内少数民族语言的地位予以承认的结果。作者指出，目前三语习得研究中最重要的发现之一是三语学习的过程能促进学习者元语言意识的发展。该文从三语习得和元语言意识的发展两个方面入手，围绕苗族单语者、双语学习者和双语学习者学习第三语言后的样本的元语言意识状况进行研究，采用自编的背景问卷和学生语言能力自评问卷对179名样本地区三年级和四年级的苗族学生进行了问卷调查，并辅以访谈、观察等定性研究相结合的方法，形成以下研究结论：①从第一语言、第二语言到第三语言的学习过程

---

[1] 赵俊海. 纳西族学生英语学习的母语文化视角研究[D]. 昆明：云南师范大学，2008.
[2] 刘子安. 朝鲜族初中英语学困生词汇学习策略的调查研究[D]. 长春：东北师范大学，2010.

中语音意识呈现发展趋势，其发展变化过程与已掌握的第一和第二语言水平状况有关，与语言类型关系不明显；②词汇意识从第一、第二到第三语言的发展过程不但受到第一语言和第二语言水平状况的影响，而且还与语言类型相关；③学习者句法意识呈现从单语、双语到三语这样一个逐渐发展的过程，平衡双语学习三语者句法意识能力最强，最弱的是单语者。总体而言，平衡双语者在所有任务上比单语者和不平衡双语者表现出元语言意识的优势，而单语者和不平衡双语者能力基本相同。该文通过对苗族学生在三语学习过程中元语言意识发展的研究，探讨了我国多民族、多文化、多语言背景下的外语教育问题。作者建议，以此建立我国多元文化背景下的三语教学体系，指导我国少数民族外语教育的发展，从而提高少数民族学生学习外语的效率和效果[①]。该文数据说明，少数民族学生的母语对外语学习可以形成元语言优势，作者期望以此指导我国的少数民族外语教育，但如何形成这一指导性，尚需结合各地实际情况。

2010 年，西北师范大学刘全国、姜秋霞发表了"我国民族地区外语三语教学理论的本土化阐释"一文。该文对我国民族地区外语三语教学理论从课程特征、语言价值和文化追求等视点进行了本土化阐释，指出本土化的三语课程具有课程目标多元化、课程组织复杂化和课程资源多样化的特点，提出应加强三种语言间的对比分析研究和对三语教学的规范指导，使三种语言的价值实现最大化，而且应构建以本土文化为价值核心、以外语文化为要素的多元文化价值观[②]。该论文从宏大视角对三语教育进行了理论建构，尤其是对其价值的探索，对于开展三语教育具有很强的理论指导性。不过，对于三语教育中如何把握少数民族文化与中华文化的关系，在宏观上还应具有更明确的指导。

2011 年，西北师范大学周亚莉、吴晓昱发表"甘肃藏族地区英语新课程改革中的文化冲突：问题、成因及其对策研究"一文，从文化学和教育学的视角出发，通过对甘肃省藏族地区中学英语课程进行调查研究和质性访谈，发现存在着三语环境下的课程不被重视、教材在

---

① 曾丽. 苗族学生在三语习得中元语言意识的发展[D]. 重庆：西南大学，2010.
② 刘全国，姜秋霞. 我国民族地区外语三语教学理论的本土化阐释[J]. 西北师大学报（社会科学版），2010，47(3)：97-100.

藏区水土不服、教学管理体制僵化、教学模式过于传统以及教师专业发展受限等问题，提出其存在传统文化与现代文化、主流文化与藏族文化、西方文化与藏族文化、西方文化与中国文化等冲突，并提出应正视文化冲突、进行文化整合以加强藏族地区的英语教育、提高英语教育质量的对策建议①。该论文突出了民族地区外语教育实践应重视的文化冲突，但对于文化共性没有进行分析，显然视角过于单一。这警示我们，民族地区外语教育实践要关注文化冲突，但也应避免扩大文化冲突，反而应突出文化共性，强化对跨文化意识的尊重与跨文化交往能力的重视。

2012年，中央民族大学张津海在中央民族大学出版社出版了《少数民族学生个体因素与外语学习》一书。全书分析了第二语言学习者的个体因素（生理因素、认知因素、情感因素等），以及作者对少数民族学生英语学习策略的调查，书的最后还分析了多元文化背景下少数民族学生的外语教学及少数民族学生个体因素与外语教学的关系②。该书对少数民族学生个体因素的分析具有广度，对民族地区外语教育实践具有参考价值。但毕竟民族地区外语教育的实践总体是班级教学，因此如何基于个体因素的共性开展教育实践，更值得关注。

2012年，昆明理工大学郝兴跃在光明日报出版社出版了《少数民族学生外语习得的因素》一书。该书分析了制约少数民族学生外语学习的两大因素：学习者因素（包括学习者可控因素和不可控因素。其中可控因素包含学习信念、学习动机、学习策略等；不可控因素包括学习者的年龄、性别、家庭背景、学习年限等）和非学习者因素（少数民族学生所处的地理、文化、经济和社会环境因素等）③。与张津海的《少数民族学生个体因素与外语学习》略有不同，该书分析了非学习者因素对民族地区外语教育实践具有更多价值，但如何开展民族地区外语教育班级教学实践的问题依然存在。

2012年，孙薇在西南大学完成硕士论文"藏区中学英语教师专业

---

① 周亚莉，吴晓昱. 甘肃藏族地区英语新课程改革中的文化冲突：问题、成因及其对策研究[J]. 兰州学刊，2011(3)：207-209.
② 张津海. 少数民族学生个体因素与外语学习[M]. 北京：中央民族大学出版社，2012.
③ 郝兴跃. 少数民族学生外语习得的因素[M]. 北京：光明日报出版社，2012.

发展研究——以甘肃省合作市为例"并通过答辩。作者从教师发展的视角出发，研究了甘肃省合作市中学英语教师的专业发展，通过问卷、访谈和课堂观察等深入的实地调查，从政策、社会、学生以及教师等方面分析了藏区中学英语教师专业发展存在的问题，并从政府部门、学校以及教师等层面提出相应编制少数民族地区英语课程与教材等常见对策建议①。该文提出的问题，需要从不同的视角进行探讨。课程是国家意志的直接体现，编制低于全国平均水平的民族地区课程以避免造成新的、更根本的、更久远的教育差距，是我们必须面对的问题。之于教材，若采用以民族地区内容为主的专门教材，民族地区学生则只能学习民族地区相关的外语。这是否顺应他们未来到大城市去学习、工作的趋势并把先进的生产等技术带回民族地区，亦必须面对。而且，外语教育本身是一种跨文化教育，是一种面向世界的教育，显然需要更多地学习世界文化。我们认为，任何强调独特性的课程与教材，都必须首先考虑国家意志与教育公平原则，采用拉低课程与教材水平的方法，看似能解决当下的问题，能看到满意的分数，却不是积极的方法。

  2012年，黑河学院刘玉凤发表"黑龙江省鄂伦春少数民族地区英语教育现状调查及其启示"一文，介绍了黑龙江省鄂伦春少数民族地区英语教育的现状及存在的问题，通过问卷、访谈和课堂观察等研究方法对三所鄂伦春少数民族学校进行调查，提出鄂伦春族学生处于三种语言学习的环境，受其特有民族心理和周遭文化氛围影响，英语学习呈现特殊性和复杂性；鄂伦春少数民族地区存在英语师资不足、教学手段落后、课程编排单一和多种语言文化相互干扰和冲突的客观现状，提出更新教学观念、提升民族心理素质、加强师资队伍建设、改变教学方法和结合民族语言学习特点等建议来发展鄂伦春少数民族地区的英语教学事业②。该文说明，像鄂伦春族这样人口较少的民族，亦可基于其民族语言特性开展外语教育实践。

  2013年，赵剑宏在中央民族大学完成博士论文"蒙汉双语教育背

---

① 孙薇. 藏区中学英语教师专业发展研究——以甘肃省合作市为例[D]. 重庆：西南大学，2012.
② 刘玉凤. 黑龙江省鄂伦春少数民族地区英语教育现状调查及其启示[J]. 英语教师，2012, 12(12): 36-41.

景下蒙古族学生英语学习研究——以锡林郭勒盟蒙古族中小学为个案"并通过答辩。该研究以内蒙古锡林郭勒盟蒙古语授课学生为调查对象，从主体与客体评价、外部与内部对比等层面，综合研究不同性别、学段和学业程度学生的英语学习成效、特征和需求，分析了影响其英语学习的教育政策、语言环境、英语师资、英语学习条件等因素，探讨了蒙汉双语教育背景下蒙古族学生的英语学习成效与多语掌握程度的关系，发现与男生相比，女生的汉语水平相对较高，能够更多地借助汉语提高自身的英语水平，英语学习成效也更高；与高中生相比，初中生上学前习得汉语的人数比例增加，英语学习态度和方法的自我评价相对更高。因此，文章提出应探讨蒙古族学生的英语学习起始时间，重新审视蒙汉双语教育体系中英语课程的定位，分析英语课程标准的适切性，改革外语课程发展规划、师资建设、学习环境建设等①。该论文基于调查分析了蒙古族地区外语教育的困难，提出了提高外语学习起始年级、降低课程要求等建议，并认为从外语促进蒙古族地区社会经济发展与个人发展的视角分析，或许可以形成更积极的建议。

2013年，文华俊在中央民族大学完成博士论文"新疆维吾尔族'民考民'学生英语学习现状调查研究"并通过答辩，并于2014年在清华大学出版社出版《新疆少数民族学生英语学习调查与研究》一书。该书研究了新疆民族学生英语学习的现象，其中两章调查研究中学生英语学习的问题，不过只停留在调查研究阶段。本书调查对象包括大学生和中学生，并对维吾尔族学生参加社会英语学习培训班的现状进行了专项调查。该项调查发现了以下问题：缺乏针对新疆维吾尔族"民考民"学生英语教学的教育政策和教育法规，导致英语教育的需求与供给不协调；学校对"民考民"学生的英语教学重视不够，教学软件和硬件不足，教材不合适，课程安排不恰当等，影响了教学的顺利开展；学生个体在英语学习过程中表现出"高热情，低行动"的特点，学习动机不明，缺少有效的学习方法，没有处理好母语、汉语和英语三者之间的关系。维吾尔族"民考民"大学英语教育与培训班英语教育互

---

① 赵剑宏. 蒙汉双语教育背景下蒙古族学生英语学习研究——以锡林郭勒盟蒙古族中小学为个案[D]. 北京：中央民族大学，2013.

为补充，但大学英语教育在课程设置、教材使用、教学方法等方面不如社会培训班。该书针对这些问题，提出：应出台针对新疆维吾尔族"民考民"学生英语学习的政策，制定相应的教学目标、教学大纲以及课程建设细则；应尽早确立新疆维吾尔族"民考民"学生英语考试在高考、研究生入学考试中的地位，以及就业英语考核的标准及方式；需打破既有课程体系，根据校本实际，建立灵活多样的教学模式；维吾尔族学生应明确英语学习目标，并将英语学习热情和兴趣落实到实际行动中去，加强自主学习能力的培养[1]。该书对学习动机、学习方法、民汉外迁移的讨论具有普遍性，不过所提出的就业视角具有一定的独特性，值得参考。

  2013年，云南师范大学原一川、钟维、吴建西、饶燿平、范庆江发表"三语背景下云南跨境民族外语教育规划"一文，该文通过对云南省跨境民族地区27所大中小学的3905名学生的实证定量问卷调查，对其三语教育的态度进行了分析，其结论充分肯定了云南三语教育的成效，提出云南跨境民族地区的外语教育可采用少数民族学生自治县民族语"就近"选择、非少数民族自治县采用邻国语种"优先"选择原则的具体建议[2]。该文提出的"就近""优先"原则具有政策指导意义，尤其是对于云南众多跨境民族的外语教育，包括中小学阶段的外语教育。该文说明，中小学阶段的外语语种规划不能只考虑通用语种，亦应允许民族地区选择"一带一路"倡议、国防建设所需要的本地相关外语语种。

  2013年，雷蕾在西南大学完成硕士论文"民族地区农村小学英语课程实施中的适应性研究——以云南省墨江哈尼族自治县为例"并通过答辩。该文对云南省墨江哈尼族自治县农村小学英语课程实施进行了调查，发现民族地区农村小学英语教学存在诸多的不适应性问题：一是教师对新课程教育理念方面有较高的接受度，但在实际教学活动中没有落到实处；对英语课程目标与内容的了解、教学方法与手段的改进及教材方面也不太适应。二是学生对英语新课程不适应。学生对

---

[1] 文华俊. 新疆维吾尔族"民考民"学生英语学习现状调查研究[D]. 北京：中央民族大学，2013.
[2] 原一川，钟维，吴建西，等. 三语背景下云南跨境民族外语教育规划[J]. 云南师范大学学报（哲学社会科学版），2013，45(6)：18-25.

学习英语开始时比较感兴趣，态度也比较端正，但慢慢地学习英语的兴趣呈下降趋势。同时在学习方式的转变、作业形式的多样性方面依然存在很大问题，学生在独立性、问题性、合作性及探究性方面表现差，对英语教材不适应。三是学校系统环境对英语教学的有效开展支持力度不够，如民族地区农村小学英语教师缺乏、专业性不强、学历偏低，英语课程课时数不足、开设年级参差不齐，教学辅助设备不齐全、课程资源匮乏。基于调查，作者提出增强民族地区农村小学英语课程实施的适应性对策思考：在社会方面要提高重视、加强支持；在学校方面要建设队伍、提高师资素质；在课程方面要降低目标、重编教材①。该论文提出的社会重视、教师发展等建议具有普遍性。其课程与教材建议，如前对 2012 年孙薇硕士论文的讨论，需要从教育公平等视角进行多视角探索。

2014 年，新疆农业大学曹艳春、徐世昌发表"三语习得研究与少数民族双语者外语学习"一文，结合学习者在第三语言学习过程中的认知特征、学习特点以及第三语言学习的各种影响因素展开讨论，提出少数民族学习者习得研究应注意双语结构对第三语言得的影响、语际迁移特征、语言耗损与外语能力的维持以及三语习得的外部因素等②。该论文再次说明三语教育的可行性及困难。

2014 年，赵敏在石河子大学完成硕士论文"新疆内高班学生英语学习困难研究"并通过答辩。该文对新疆石河子 S 中学内高班就读的 4 名少数民族学生进行了个案研究，发现新疆内高班学生英语学习困难的原因错综复杂，既有学校、英语教师教学、英语教材方面的原因，也有学生自身及学生家庭教育等方面的原因，表达了作者对调查结论的忧虑与积极展望③。该文的调查分析较为全面，说明内高班的方式依然难以彻底解决民族地区外语教育实践面临的深层问题。民族地区外语教育依然需要从外语教育本身寻找可能路径。

2014 年，张翠微在云南师范大学完成硕士论文"纳西族高中生外语听力焦虑、工作记忆与听力理解成绩关系的研究"并通过答辩。该

---

① 雷蕾. 民族地区农村小学英语课程实施中的适应性研究——以云南省墨江哈尼族自治县为例 [D]. 重庆：西南大学，2013.
② 曹艳春，徐世昌. 三语习得研究与少数民族双语者外语学习 [J]. 外语研究，2014(5)：59-65.
③ 赵敏. 新疆内高班学生英语学习困难研究 [D]. 石河子：石河子大学，2013.

论文选取云南省丽江玉龙县第一中学高中一年级学生 100 人（纳西族、汉族各 50 人）中的 67 名学生作为测试对象，其中 32 名为汉族，35 名为纳西族，运用该年级听力测试材料来测试他们的听力水平。回归分析显示，无论是汉族还是纳西族，外语听力焦虑和英语工作记忆听广度都对听力成绩和中考英语成绩有预测作用；两个民族的外语听力焦虑都与听力成绩呈显著负相关，但英语听广度和听力成绩的相关只在纳西族被试者中有所表现，汉族被试者的三种广度成绩都和听力成绩的相关不显著；两个民族被试者的外语听力焦虑和英语工作记忆听广度都能够预测听力成绩，但是外语听力焦虑和工作记忆都直接对成绩造成影响，没有发现工作记忆的中介效应[①]。该文分析说明，纳西族学生与汉族学生的英语听力学习存在很多共性，也存在一定特性，而且是共性多于特性。

2014 年，兴义民族师范学院罗孝芳、黔西南布依族苗族自治州民族宗教事务委员会王峰发表"布依语语音影响英语语音学习的基础研究"一文，以实地语言调查材料为基础，从被测试的布依族学生英语标准语音（RP）发音中所出现的错误出发，对比分析了布依语语音和英语语音的异同，归纳总结了布依语语音影响英语语音学习的情况[②]。该论文说明布依族学生可以基于布依语特性而积极影响其英语学习，亦可通过有意识的干扰克服布依语语音特性可能对英语学习带来的负面影响。无论是促进还是干扰，都是基于对民族语言与外语的共性与特性的分析。

2015 年，原一川、胡德映、冯智文主编的《云南跨境民族三语教育成效与外语教育规划研究》在科学出版社出版。该书介绍了作者团队对云南 7 州市、15 县区、25 所中小学、2 所大学、4526 名学生[③]、66 名家长、265 名教师的调查，分析了相关数据，提出了相应建议。由于时间原因，其教学建议对策与外语课程改革，尤其是核心素养时代的外语教育改革，尚有较多不同。

2015 年，云南财经大学杨文华教授的《少数民族中学生英语学习

[①] 张翠徽. 纳西族高中生外语听力焦虑、工作记忆与听力理解成绩关系的研究 [D]. 昆明：云南师范大学，2013.
[②] 罗孝芳，王峰. 布依语语音影响英语语音学习的基础研究 [J]. 兴义民族师范学院学报，2014(5)：46-51.
[③] 原一川，胡德映，冯智文. 云南跨境民族三语教育成效与外语教育规划研究 [M]. 北京：科学出版社，2015.

动机与学习策略研究——以佤族为例》一书在经济科学出版社出版。该书分析了佤族中学生的英语学习动机与学习策略现状及影响因素，理论性较强。如何指导佤族外语教育实践，尚需进一步开展实践探索。

2015年，唐洪全在中央民族大学完成硕士论文"蒙语授课初中生英语学业成就影响因素及学习策略研究"并通过答辩。该文以内蒙古锡林浩特市蒙古族中学初中部接受蒙语授课的中学生为调查对象，依据对其期中考试英语成绩的分析、锡林郭勒盟地区蒙语课学生与汉语课学生英语中考成绩的对比以及蒙语课学生蒙语、汉语和英语三门语言科目之间的中考成绩对比，客观反映出虽然英语起始学段下延至小学后，但是现阶段接受蒙语授课的初中学生的整体英语水平仍然偏低，多数中学生存在英语学习困难的问题，英语成绩两极分化现象严重。论文指出，家庭背景、教师教学方法、教材以及外部语言环境，都对蒙古族学生的英语学习成效形成影响，对英语成绩低下归因倾向于内部可控因素，并从家庭、学校、教师以及学生自身等提出改进建议①。该文建议具有普遍性，其问题与分析对于初中阶段的民族地区外语教育实践具有阶段性参考价值。

2015年，兴义民族师范学院罗孝芳发表"布依语的语法及文化影响布依族学生英语学习的基础研究"一文，介绍了布依语和英语在语言应用和语法意义的表现手法上既有相似性又有相异性，并根据迁移理论的相似性会对布依族学生的英语学习产生积极影响、相异性则会带来消极影响这一点，分析研究了布依语的语法及文化对布依族学生英语学习的影响，提出这一分析有助于布依族学生的英语学习及教学②。该文基于作者2014年发表的有关布依语语音对英语学习影响的著作，进而分析布依语语法对英语学习的影响，同样说明，民族语言与外语共性与特性的分析，对民族地区外语教育实践起到了基础性作用。

2015年，兴义民族师范学院鲁子问发表"民族地区义务教育英语课程实施困难调查分析——以内蒙古自治区鄂尔多斯市为例"一文，对内蒙古自治区鄂尔多斯市义务教育阶段的154位教师进行了为期6

---

① 唐洪全. 蒙语授课初中生英语学业成就影响因素及学习策略研究[D]. 北京：中央民族大学，2015.
② 罗孝芳. 布依语的语法及文化影响布依族学生英语学习的基础研究[J]. 兴义民族师范学院学报，2015(1)：95-99.

天的深度访谈，文章分析了相关困难，并进行了相关问题的归因，文章指出民族地区英语义务教育课程的实施，存在课程、教学、教师专业发展三大层面的困难，并表明通过教师教育等方式寻找有效解决路径①。该文通过对鄂尔多斯小学与初中英语教师的深度访谈，发现了诸多普遍性问题与独特性问题，对于探索解决对策具有参考价值。该文后续的"雄鹰计划：鄂尔多斯英语教育质量全面提升计划"，更是从地方课程等方面提出了有效的解决方案。参见本书第八章"民族地区中小学英语教育复合形态区域性实践探索"对鄂尔多斯雄鹰计划的介绍。

2016年，甘肃医学院张希亮发表"西北民族地区外语教育现状调查研究"一文，在调查分析西北民族地区外语教育教学现状的基础上，提出促进其外语教育教学实现跨越发展的对策：精准投资，提高民族地区外语教育投资效益，并提出要进一步完善少数民族高考优惠政策，营造良好的外语教学环境，根据"一带一路"倡议的要求设置外语语种，加强民族地区外语教师队伍建设，运用现代信息技术提高西北民族地区外语教学效率，加强西北民族地区外语教育教学研究工作②。该文提出的运用信息技术的建议具有参考价值，这亦说明，在姜秋霞、刘全国、李志强2006年提出采用远程教育技术促进西北民族地区外语教育发展建议的10年后，该问题依然没有真正得到解决。

2016年，西北师范大学凌茜、秦润山、郭俊利发表"西北少数民族学生基于微信平台学习英语的自我效能感研究"一文，该文从自我效能感的四个维度（能力感、努力感、挫折感和挑战感）出发，介绍了他们在微信支持下的课内外英语学习教学设计，并通过问卷调查证明基于微信平台的英语学习确实能提高少数民族预科生英语学习的自我效能感，且成效显著③。该文针对广泛使用的微信平台分析外语教育具有很强的实践性。

2016年，古丽米热·塔依尔在华中师范大学完成硕士论文"三语

---

① 鲁子问. 民族地区义务教育英语课程实施困难调查分析——以内蒙古自治区鄂尔多斯市为例[J]. 兴义民族师范学院学报, 2015(6)：82-86.
② 张希亮. 西北民族地区外语教育现状调查研究[J]. 西北工业大学学报（社会科学版）, 2016, 36(3)：109-115.
③ 凌茜，秦润山，郭俊利. 西北少数民族学生基于微信平台学习英语的自我效能感研究[J]. 外语电化教学, 2016(5)：34-38.

环境及其对新疆维吾尔族中学生英语学习的影响"并通过答辩。该文以新疆维吾尔自治区南疆喀什地区第六中学和喀什市第一中学的维吾尔族初中学生为调查对象，结果显示该地区的英语教学状况令人担忧：英语师资缺乏，语言环境缺乏，英语教学设备不足，学生所使用的英语教材不适合他们的实际情况，除了国家配套的练习册外没有其他的学习材料，打印习题也很困难，等等。作者随后进行了"维—汉—英"环境下三语语言结构主要特征对比，分析了维吾尔族学生在英语学习过程中的语言迁移现象、喀什地区三语环境下的英语教与学以及"维—汉—英"三语环境下维吾尔族学生英语学习的心理机制，提出了一些常见性对策建议[①]。该文对喀什地区的三语教育实践的调查与分析具有参考性，说明三语教育需要面对心理机制等较为复杂的问题。

2016 年，甘肃医学院刘兴慧发表"民族地区营造英语学习环境途径探讨——以甘肃回族聚居区为例"一文，指出民族地区缺乏良好的英语学习环境，社会、学校和家庭对英语学习重视不够，提出社会和学校要重视学生英语学习、教师要大力开发英语课程资源、家庭要营造英语学习环境、社会与学校和家庭应共同促进民族地区英语教学健康发展等常见性建议[②]。该文提出社会与学校和家庭形成合力的重要性，具有参考性。

2017 年，贵州民族大学张广勇发表"少数民族外语教育研究的现状分析"一文。通过分析 2000—2014 年期刊论文和高层次科研项目研究成果，作者发现少数民族外语教育研究成果数量呈逐年上升的态势，研究话题呈现跨学科特点，对少数民族外语教育的重要性和复杂性达成了共识，但少数民族外语教育研究在"概念内涵、语种选择、少数民族外语人才培养"等方面仍缺乏清晰的界定，外语教育在提升少数民族知识发展水平以及服务国家和地方发展战略等方面所扮演的角色问题尚未引起重视[③]。该文对 2000—2014 年的 1307 篇学术期刊论文进行了广泛性分析，远比本书分析的论文数量多，这说明民族地区外语教育研究受到了广泛重视。但正如作者指出，民族地区外语教育本

---

① 古丽米热·塔依尔. 三语环境及其对新疆维吾尔族中学生英语学习的影响[D]. 武汉：华中师范大学，2016.
② 刘兴慧. 民族地区营造英语学习环境途径探讨——以甘肃回族聚居区为例[J]. 鄂州大学学报，2016，23(5)：55-57.
③ 张广勇. 少数民族外语教育研究的现状分析[J]. 广东外语外贸大学学报，2017，28(4)：117-123.

身还需要从概念厘定等方面进行一系列更有深度的研究。该文着力分析民族地区外语教育理论，对于民族地区外语教育实践，尤其是民族地区中小学外语教育实践，论文则没有涉及。

2017年，内蒙古科技大学吴铁军、谢利君、丁燕发表"少数民族外语教育的现实困境与对策——基于文化互动维度的分析"一文，发现少数民族外语教育中阻碍文化互动的主要障碍包括少数民族文化失语、对西方文化认同度不够以及重工具性而轻人文性，提出少数民族外语教育须从外语教育的生态环境、多元文化观的培育、少数民族文化的融入以及人文性服务工具性的教学模式构建四个方面入手，保障文化互动在教学活动中发挥其应有的作用，进而促进民族外语教育发展[1]。该文从文化互动视角展开分析，对民族地区外语教育实践具有参考性。

2017年，兴义民族师范学院范彩霞发表"少数民族三语教育研究——以滇黔桂结合部少数民族三语教育为例"一文，对少数民族学生L2（汉语）、L3（英语）习得效果进行了对比分析，发现学习动机不同造成学习策略差异，缺乏语境造成不同程度的语言损耗，以及目的语文化的差异，提出多途径了解目的语民族或国家的文化背景、加强学生的习得动力、为习得者"补偿"语言环境以及转变教学观念的建议[2]。该文对滇黔桂结合部少数民族三语教育的案例分析，说明三语教育在这一地区亦具有可行性，其文化意识尚可进一步明确。

2017年，塔里木大学赵乐发表"中国少数民族学生三语习得研究综述"一文。该文通过检索中国知网，从少数民族地区外语教育政策研究、语际迁移研究、少数民族学生英语学习的非智力因素及学习策略研究、基于语料库的少数民族英语中介语研究以及三语习得中的心理机制研究五个方面，对30年来中国少数民族学生三语习得研究进行了梳理、总结，提出了要加强比较研究、运用多种理论进行研究等建议[3]。该文对中国知网上1634篇三语习得学术论文进行了综合分析，提出了加强比较研究等建议，对总览我国三语教育研究具有参考性。

---

[1] 吴铁军，谢利君，丁燕. 少数民族外语教育的现实困境与对策——基于文化互动维度的分析[J]. 贵州民族研究，2017, 38(10): 245-249.
[2] 范彩霞. 少数民族三语教育研究——以滇黔桂结合部少数民族三语教育为例[J]. 兴义民族师范学院学报，2017(5): 12-17.
[3] 赵乐. 中国少数民族学生三语习得研究综述[J]. 遵义师范学院学报，2017, 19(1): 107-109.

2017年，西藏民族大学贾莉萍发表了"文化生态视野下我国少数民族外语教育研究"一文。文章运用文化生态学并借助生态学的有关观点和原理，分析了文化生态学视野下我国少数民族受教育者的文化特色和存在的问题，就如何构建和谐的少数民族外语教育，从而实现少数民族外语教育与文化之间的适应性和协调性提出了建议[1]。该文从文化生态视角对民族地区外语教育提出了积极建议，不过尚未提出其文化生态体系。

2017年，新疆农业大学张建磊、孙旭辉发表了"新疆少数民族个人外语投资的成本收益分析"一文。该文采用语言经济学方法，运用成本效益分析工具，对乌鲁木齐48名英语专业少数民族毕业生的收入进行了调查分析，发现个人外语投资收益显著，其内部收益率达到10.1%，显著高于当地社会平均投资收益率[2]。该文运用经济学方法分析少数民族学生学习外语的收益率，视角独特，对促进少数民族学生学习外语具有显著说服力。

2018年，内蒙古工业大学陈亚杰、董君发表"网络技术环境下民族地区大学英语教师角色观念的重构"一文，在调查分析网络技术环境下民族地区高校的教学现状、存在困难、问题及其原因的基础之上，提出民族地区大学英语教师角色观念的重构设想[3]。该文对网络环境下教师观念的调适具有参考性，尤其是在面对从小在网络环境下成长的学生时，教师如何进行角色建构非常重要。

2018年，西南民族大学曾路在上海外语教育出版社出版了该校教师的论文集《民族院校外语教学改革与探索》，介绍了该校外语教育改革的探索历程[4]。该书对于了解民族院校外语教育改革的现状具有参考性。

2018年，石卉在西南大学完成博士论文"苗族中学英语教师身份认同与专业发展研究"并通过答辩。该文界定了少数民族外语教师的身份认同中的民族身份认同（肯定、探索、承诺与行为4个二级维度）

---

[1] 贾莉萍. 文化生态视野下我国少数民族外语教育研究[J]. 边疆经济与文化, 2017(1): 60-62.
[2] 张建磊, 孙旭辉. 新疆少数民族个人外语投资的成本收益分析[J]. 新疆社会科学, 2017(2): 158-162.
[3] 陈亚杰, 董君. 网络技术环境下民族地区大学英语教师角色观念的重构[J]. 内蒙古师范大学学报（教育科学版）, 2018, 31(1): 67-71; 124.
[4] 曾路. 民族院校外语教学改革与探索[D]. 上海: 上海外语教育出版社, 2018.

与职业身份认同（职业行为倾向、职业知能、职业环境认同和职业价值观4个二级维度）2个维度，专业发展3个维度（专业情意、专业技能和专业知识），选取了180名不同年龄段的苗族中学英语教师进行量化研究，并通过目的性抽样方式选择4位不同年龄段的苗族中学英语教师作为研究对象，运用叙事研究的策略，通过深度访谈、参与式观察及文献研究等方法收集研究数据，调查苗族中学英语教师在身份认同建构及专业发展过程中真实的专业实践境遇、所经历的种种张力及内心感受。研究调查发现：苗族中学英语教师普遍持有积极的身份认同，但不同年龄段的教师在承诺维度和职业环境认同维度上存在显著性差异。苗族中学英语教师也存在认同危机，具体体现为教师个体对所属民族持有消极心理，教师个体对本族语的认同程度偏低。苗族中学英语教师普遍持有积极的专业发展态度，但不同年龄段的教师在专业教学知识维度、灵活任务目标意识维度和呆板任务目标意识维度上存在显著性差异。作者在研究基础上提出了苗族中学英语教师身份认同发展建议[①]。该文对苗族中学英语教师对其苗族身份与文化认同不足这一现实情况，以及对民族地区外语教育，尤其是教师发展，具有警示性。

2018年，贵州理工学院杨迎华发表"'一带一路'建设视角下的西部少数民族外语人才培养与CLIL模式"一文，认为"一带一路"建设给西部地区社会经济发展带来了弯道超车的历史性机遇，但也进一步彰显了包括语言人才在内的人才储备不足的问题，建议利用西部少数民族的语言优势，在保护和发展少数民族语言的同时，开展非通用外语人才的培养，为"一带一路"建设提供语言人才的支撑，并建议采用内容融合教学法（CLIL）开展非通用语言的教学[②]。其实，CLIL不仅适合非通用语的教学，也适合民族地区通用外语的教育，适合民族地区外语教育实践。

2018年，延边大学张京花、李英浩发表"互联网时代民族地区复

---

① 石卉. 苗族中学英语教师身份认同与专业发展研究[D]. 重庆：西南大学，2018.
② 杨迎华. "一带一路"建设视角下的西部少数民族外语人才培养与CLIL模式[J]. 贵州民族研究，2018, 39(10): 255-258.

合型多模态外语教学探究"一文,指出我国民族地区外语教学虽然有其多元语言文化的优势,但与教育发达地区的外语教学相比还存在一定差距。互联网可以为民族地区外语教学提供更丰富的资源,基于网络多媒体的多模态外语教学将成为民族地区外语教学的必然趋势。因此,文章建议采用复合型多模态外语教学充分调动听觉、视觉、触觉、影像、图片、空间认识和手势等各类多模态符号提高外语教学效果①。该文说明,互联网的泛在特性必然促进地处边远的民族地区的外语教育,而且不只是对多模态外语教学起到有效的促进作用,更将对整个民族地区外语教育体系起到显著作用。

2019年,云南大学李晓旭发表"'互联网+'时代民族地区的多模态外语教学"一文,指出民族地区的学习者在长期的二语习得过程中对语言的敏感性更强,他们比单语背景的外语学习者更加擅长多元化符号的转换。这种多元语言文化的优势使他们具备了多模态理论实施的条件。因此提出,基于多模态理论,通过音频、视频、多媒体等多种模态的使用,充分调动学习者的听觉和视觉等感官,发挥民族地区双语学习者认知的优势,是当前民族地区提高外语教学水平的必然选择②。东北的张京花、李英浩与西南的李晓旭就"互联网+"对于民族地区外语教育的影响进行了探讨,说明民族地区外语教育应该充分把握互联网优势。

2019年,昆明理工大学李冬萍、邓东元发表"二语对我国少数民族学生三语习得的影响因素分析"一文,以克拉申的输入假说为理论框架,分析二语对三语习得的影响,阐释二语和三语之间的关系。在概述我国少数民族地区三语教学现状的基础上,提出提高少数民族学生英语学习效能的参考性建议③。该文继续探索了三语习得的影响、二语对三语学习的影响,亦具有参考性。

2019年,兴义民族师范学院刘照惠、鲁子问发表"复合形态英语教育的内涵与实践"一文,介绍了作者基于我国大量英语教育实践有

---

① 张京花,李英浩. 互联网时代民族地区复合型多模态外语教学探究[J]. 高教学刊,2018(11):104-105;108.
② 李晓旭. "互联网+"时代民族地区的多模态外语教学[J]. 河南广播电视大学学报,2019,32(3):80-84.
③ 李冬萍,邓东元. 二语对我国少数民族学生三语习得的影响因素分析[J]. 英语教师,2019,19(10):11-13;17.

效案例凝练形成的复合形态英语教育,提出这一形态可以有效把握我国英语学习者千差万别的学习要素与国家统一的课程教材和考试要求之间的张力,满足一亿多学习者的不同学习目标、学习风格、学习基础等复合形态的需求,促进我国英语教育发展,对民族地区英语教育发展成效更为显著①。该文系统地说明了复合形态的实践意义,大量的实践数据和案例说明了对民族地区外语教育实践的复合路径探索的可能。

2019 年,广州大学附属中学陈晓云发表"复合问导:民族地区英语阅读教育新探索"一文,指出学生的学习目的、学习动机、学习风格、学习基础、学习条件等均表现出复合特性,因此复合形态将成为我国英语教育实践的基本形态。复合形态的英语教育还特别强调引导每一个学生个体在每一节课开展复合形态的学习,实现自身复合形态的发展,从而促进自己的英语学科核心素养向更高的层次发展。作者基于在民族地区开展小学英语绘本阅读教育的案例,发现复合形态的提问能引导学生实现更高层次的发展②。该文对民族地区小学英语开展复合形态实践进行了介绍,具有参考性。

2019 年,兴义民族师范学院鲁子问发表"非对称双语教育:少数民族地区外语教育有效路径探索"一文,指出双语教育或三语教育一直是少数民族地区外语教育的一种路径。调查和实践发现,双语或三语对称的教育形态,导致少数民族地区学生的外语学习存在较多困难。尤其是当语言和学习内容皆为全新内容之时,学生的学习几乎难以达到预设目标。实践探索发现,非对称双语可以有效解决这一困难,促进少数民族地区外语教育发展③。该文介绍了非对称双语/三语模式的实践,对于非对称模式的实践探索,具有参考性。

2020 年,云南大学李晓旭发表"教育生态视域下西部民族地区外语教学研究"一文,以当前西部民族地区外语教学现状为切入点,尝试从教育生态学视角分析影响西部民族地区外语教育生态的重要因子,

---

① 刘照惠,鲁子问. 复合形态英语教育的内涵与实践[J]. 兴义民族师范学院学报,2019(6):63-70.
② 陈晓云. 复合问导:民族地区英语阅读教育新探索[J]. 兴义民族师范学院学报,2019(6):71-78.
③ 鲁子问. 非对称双语教育:少数民族地区外语教育有效路径探索[J]. 兴义民族师范学院学报,2019(6):55-62.

并提出相应的政策以及学术和文化补偿机制，旨在有效改善西部民族地区外语生态结构和教育生态资源分配，推动我国西部民族地区外语教育生态系统的良性均衡发展①。与2017年贾莉萍有关文化生态视角下的民族地区外语教育探索相呼应，该文探讨了民族地区外语教育的教育生态，不过尚需就其所需的教育生态提出系统性构想。

总体而言，1979年以来，我国外语教育工作者对民族地区外语教育的研究具有一定广度，涉及课程、教材、教师、学生，以及三语、学习策略、个体因素、教师身份、信息技术等方面。调查研究的数据具有的参考性大于对策建议的参考性，对策建议较为重复，而且视角不够全面。更为重要的是，对民族地区外语教育的实践研究几近于无，尤其是与学生素养发展相关的研究很少。

由此可知，民族地区外语教育研究，首先应基于已有研究，尤其是调查研究，梳理已有数据的参考性价值，如原一川等的研究对于学习策略的价值等；其次总结出有价值的对策建议，如姜秋霞提出的信息技术价值、刘全国与姜秋霞提出的三语教育中的民族文化价值等，并确定其实践可能；最后应基于立德树人与核心素养教育理念，以及日益发达的互联网技术，探索民族地区外语教育的有效路径，如刘照惠、鲁子问提出的民族地区外语教育复合路径等。

---

① 李晓旭. 教育生态视域下西部民族地区外语教学研究[J]. 四川文理学院学报, 2020, 30(1): 140-144.

第二章

民族地区外语教育现状调查分析

第一节 问卷调查

调查是决策的基础。笔者于 2015 年年底决定正式从 2016 年开始启动计划已久的民族教育研究,首先确定的就是调查。2016 年,笔者开始组织进行"中国民族教育万卷调查",获得了外语教育相关的学业基础和学业目标定向等数据(见本节"一、民族地区学生学业现状与归因问卷调查分析")。笔者于 2017 年获得国家语委支持,开展国家语委十三五 2017 年重点项目"少数民族地区外语教育现状调研与对策研究"(ZDI135-50),然后确定在项目计划中的少数民族省区开展调查(见本节"二、民族地区外语教育问卷调查分析")。

一、民族地区学生学业现状与归因问卷调查分析

"中国民族教育万卷调查"中的第 38、39、40 三题是对学生学业现状与归因的调查,见表 2-1-1 所示:

表 2-1-1 / "中国民族教育万卷调查"中民族地区学生学业现状与归因调查问题

38. 我目前学习的总体状况是:
A. 非常好　B. 比较好　C. 一般　D. 不大好　E. 很不好

39. 有的学生学习成绩不是很好,最主要原因是:
A. 学习态度不好　B. 学习方法不对　C. 学习内容太难
D. 老师教得太差　E. 考试太难

40. 有的民族地区中小学生中途退学,外出打工,我认为,他们放弃学业的最主要原因是:
A. 他们的学习能力不足　B. 他们的学习态度不好　C. 学校的课程对他们没用
D. 家里太穷,需要他们劳动　E. 跟着朋友们一起去城里

此项调查的数据与分析如下:

"中国民族教育万卷调查"是面向广西、贵州、内蒙古、宁夏、青海、云南、西藏、新疆八个省或自治区的小学、初中、高中、大学在校学生和教师进行的抽样调查。该调查在 2016 年 6 至 8 月进行,从 2016 年 10 月至 2020 年 2 月进行多维度分析。调查共回收学生问卷 13883 份,排除学校(第 2 小题)和年级(第 3 小题)信息与实际采样组别不匹配以及未选择所属民族(第 5 小题)的问卷外,共获得 13059 份有效问卷,其中对所有问题均有作答的有效问卷共 9212 份(以下简称"有效全答卷")。

此项调查采用"IBM 统计产品与服务解决方案"(IBM SPSS)20.0 软件进行统计分析。

第一部分 基本数据

1. 调查地点

此项调查地点为全国八个少数民族人口超过 20% 的省或自治区:西藏、新疆、青海、广西、贵州、宁夏、云南、内蒙古。基于 2010 年人口普查数据,以上省或自治区的少数民族人口比例分别是:西藏 91.83%,新疆 59.9%,青海 46.98%,广西 37.18%,贵州 36.11%,宁夏 35.42%,云南 33.37%,内蒙古 20.47%[①]。

[①] 此处各省或自治区少数民族人口比例数据基于 2010 年第六次全国人口普查数据确定。数据来源如下:
西藏自治区 2010 年第六次全国人口普查主要数据公报 [Z].
http://www.stats.gov.cn/tjsj/tjgb/rkpcgb/dfrkpcgb/201202/t20120228_30406.html. 2015-11-16 析出.
新疆维吾尔自治区 2010 年第六次全国人口普查主要数据公报 [Z].
http://www.stats.gov.cn/tjsj/tjgb/rkpcgb/dfrkpcgb/201202/t20120228_30407.html. 2015-11-16 析出.
青海省 2010 年第六次全国人口普查主要数据公报 [Z].
http://www.stats.gov.cn/tjsj/tjgb/rkpcgb/dfrkpcgb/201202/t20120228_30399.html. 2015-11-16 析出.
广西壮族自治区 2010 年第六次全国人口普查主要数据公报 [Z].
http://www.stats.gov.cn/tjsj/tjgb/rkpcgb/dfrkpcgb/201202/t20120228_30385.html. 2015-11-16 析出.
贵州省 2010 年第六次全国人口普查主要数据公报 [Z].
http://www.stats.gov.cn/tjsj/tjgb/rkpcgb/dfrkpcgb/201202/t20120228_30386.html. 2015-11-16 析出.
宁夏回族自治区 2010 年第六次全国人口普查主要数据公报 [Z].
http://www.stats.gov.cn/tjsj/tjgb/rkpcgb/dfrkpcgb/201202/t20120228_30398.html. 2015-11-16 析出.
云南省 2010 年第六次全国人口普查主要数据公报 [Z].
http://www.stats.gov.cn/tjsj/tjgb/rkpcgb/dfrkpcgb/201202/t20120228_30408.html. 2015-11-16 析出.
内蒙古自治区 2010 年第六次全国人口普查主要数据公报 [Z].
http://www.stats.gov.cn/tjsj/tjgb/rkpcgb/dfrkpcgb/201202/t20120228_30397.html. 2015-11-16 析出.

2. 样本选择

此项调查在以上八省或自治区的小学、初中、高中、大学抽样进行。全国共计发放学生问卷15700份，回收13883份，有效答卷13059份（即排除未应答民族信息的或选报学校年级信息与问卷来源不符的问卷），其中完成全卷所有问题的有效答卷（以下简称"有效全答卷"）9212份。为确保问卷数据分析的科学性，不因出现漏题而导致选项与问题不匹配，本书只分析有效卷中的全答卷，即有效全答卷。

3. 回收与分析问卷数量

此次发放学生问卷15700份，收回有效答卷13059份，有效全答卷9212份见表2-1-2和表2-1-3。

表 2-1-2 / 有效答卷区域分布（按照拼音排序）*

名称	广西	贵州	内蒙古	宁夏	青海	西藏	新疆	云南	总计
问卷数/份	1526	1670	1698	1864	1674	1742	1468	1417	13059
比例/%	11.7	12.8	13.0	14.3	12.8	13.3	11.2	10.9	100.0

* 为保证随后表格编号与问卷问题编号一致，此表编号为0，因为此表数据不来自问卷本身，而来自调查收集。

表 2-1-3 / 有效全答卷区域分布

名称	广西	贵州	内蒙古	宁夏	青海	西藏	新疆	云南	总计
问卷数/份	1145	1223	1152	1421	1135	1128	997	1011	9212
比例/%	12.4	13.3	12.5	15.4	12.3	12.2	10.8	11.0	100.0

说明：并列数据采用0-1, 0-2这种方式编号。

以下介绍分析9212份有效全答卷数据。

此项调查设置100个问题，以下为问卷各问题基本数据，见表2-1-4 ~ 表2-1-9。

▶ 问题1. 我家所在的地方属于:
　　A. 自治区　　B. 自治州　　C. 自治县　　D. 自治乡　　E. 非民族地区

表 2-1-4 / 有效全答卷学生家庭所在地民族自治形式

类别	自治区	自治州	自治县	自治乡	非民族地区	总计
问卷数/份	5167	2092	656	255	1042	9212
比例/%	56.1	22.7	7.1	2.8	11.3	100.0

▶ 问题2. 我的学校是:
　　A. 民族小学　　B. 民族中学　　C. 九年一贯制民族学校
　　D. 民族大学　　E. 非民族学校

表 2-1-5 / 有效全答卷学校类别分布

类别	民族小学	民族中学	九年一贯制民族学校	民族大学	非民族学校	总计
问卷数/份	319	2739	244	1009	4901	9212
比例/%	3.5	29.7	2.6	11.0	53.2	100.0

▶ 问题3. 我现在就读的年级是:
　　A. 五年级　　B. 六年级　　C. 七年级　　D. 八年级　　E. 九年级
　　F. 高一　　　G. 高二　　　H. 高三　　　I. 大学　　　J. 研究生

表 2-1-6 / 有效全答卷年级分布

类别	五年级	六年级	七年级	八年级	九年级	高一	高二	高三	大学	研究生	总计
问卷数/份	617	338	978	1579	559	756	1589	39	2710	47	9212
比例/%	6.8	3.7	10.6	17.1	6.1	8.2	17.2	0.4	29.4	0.5	100.0

▶ 问题4. 我的性别:
　　A. 男　B. 女

表 2-1-7 / 有效全答卷性别分布

性别	全部	
	全答人数 / 人	比例 /%
男生	3570	38.8
女生	5642	61.2
合计	9212	100.0

▶ 问题 5. 我的民族：

(1) 汉 (2) 壮 (3) 满 (4) 回 (5) 苗 (6) 彝 (7) 藏 (8) 侗 (9) 瑶 (10) 白 (11) 黎 (12) 傣 (13) 畲 (14) 水 (15) 佤 (16) 羌 (17) 土 (18) 怒 (19) 京 (20) 土家 (21) 蒙古 (22) 布依 (23) 朝鲜 (24) 哈尼 (25) 傈僳 (26) 仡佬 (27) 东乡 (28) 高山 (29) 拉祜 (30) 纳西 (31) 仫佬 (32) 锡伯 (33) 景颇 (34) 毛南 (35) 撒拉 (36) 阿昌 (37) 普米 (38) 基诺 (39) 德昂 (40) 保安 (41) 裕固 (42) 布朗 (43) 门巴 (44) 独龙 (45) 赫哲 (46) 珞巴 (47) 维吾尔 (48) 哈萨克 (49) 达斡尔 (50) 塔吉克 (51) 鄂温克 (52) 俄罗斯 (53) 鄂伦春 (54) 塔塔尔 (55) 乌兹别克 (56) 柯尔克孜 (57) 其他

表 2-1-8 / 有效全答卷民族分布

民族	问卷数 / 份	比例 /%	民族	问卷数 / 份	比例 /%	民族	问卷数 / 份	比例 /%
汉	4486	48.7	怒	55	0.6	普米	10	0.1
壮	449	4.9	土家	44	0.5	基诺	4	0.0
满	37	0.4	蒙古	323	3.5	德昂	1	0.0
回	940	10.2	布依	239	2.6	保安	3	0.0
苗	156	1.7	朝鲜	4	0.0	裕固	3	0.0
彝	91	1.0	哈尼	128	1.4	布朗	14	0.2
藏	1355	14.7	傈僳	63	0.7	门巴	0	0.0
侗	66	0.7	仡佬	32	0.3	维吾尔	106	1.2
瑶	58	0.6	东乡	3	0.0	哈萨克	32	0.3

续表

民族	问卷数/份	比例/%	民族	问卷数/份	比例/%	民族	问卷数/份	比例/%
白	35	0.4	拉祜	7	0.1	达斡尔	2	0.0
黎	23	0.2	纳西	74	0.8	塔吉克	0	0.0
傣	270	2.9	仫佬	8	0.1	鄂伦春	0	0.0
畲	0	0.0	锡伯	5	0.1	俄罗斯	1	0.0
水	23	0.2	景颇	2	0.0	塔塔尔	1	0.0
佤	1	0.0	毛南	4	0.0	柯尔克孜	4	0.0
羌	1	0.0	撒拉	6	0.1	其他（未确定）	38	0.4
土	55	0.6	阿昌	2	0.0	总计	9212	100.0

注：针对八省或自治区的部分民族。

表 2-1-9 / 有效全答卷汉族与少数民族分布

民族	问卷数/份	比例/%
汉族	4486	48.7
少数民族问卷（含未确定民族学生）	4726	51.3
总计	9212	100.0

以下从五个维度对民族地区学生学业现状与归因进行分析：报告所调查八省或自治区 9212 份有效全答卷与各省或自治区全部学生第 38、39、40 题（学业）数据与分析；按照第 5 题"汉族和少数民族（全量与等量）""过百少数民族"（指表 2-1-8 有效全答卷民族分布中超过 100 份有效全答卷的 10 个民族，即汉族、壮族、苗族、回族、藏族、傣族、蒙古族、布依族、哈尼族、维吾尔族）（等量）分组，报告各组学生第 38、39、40 题数据，分析民族与学业相关性；按照第 3 题"小学、初中、高中、大学"（四组等量）分组，报告各组学生第 38、39、40 题数据，分析学段与学业相关性；按照第 2 题民族学校、非民族学校（两组等量）分组，报告各组学生第 38、39、40 题数据，分析学校性质与学业相关性——最后按照八省或自治区（八组等量）分组，报告各省区学生第 38、39、40 题数据，分析省或自治区与学业相关性。

第二部分 全部有效全答卷描述性统计结果报告分析

表 2-1-10 ~ 表 2-1-14 为全答卷描述性统计表。

由表 2-1-10 第 38 题数据可知，在此项调查提交有效全答卷的全部受访学生中，10.2% 的学生认为自己的学业成绩非常好，34.6% 的学生认为比较好，42.4% 的学生认为一般，9.5% 的学生认为不大好，3.3% 的学生认为很不好。在受访民族地区学生中，对自己的学业认为"一般的"占比最多，达到 42.4%，"非常好"与"比较好"的共计 44.8%，认为"不大好"与"很不好"的只有 12.8%。

由表 2-1-10 第 39 题数据可知，此项调查提交有效全答卷的全部受访学生中，40.3% 的学生将民族地区学生学习成绩不是很好归因为学习态度不好，44.2% 的学生归因为学习方法不对，8.3% 的学生归因为学习内容太难，4.5% 的学生归因为老师教得太差，2.8% 的学生归因为考试太难。显然，此次受访学生将学习出现困难的原因主要归为内因（学习态度与学习方法）。

由表 2-1-10 第 40 题数据可知，此项调查提交有效全答卷的全部受访学生中，10.7% 的学生将民族地区中小学生中途退学、外出打工，归因为他们的学习能力不足，34.3% 的学生归因为他们的学习态度不好，8.2% 的学生归因为学校的课程对他们没用，42.4% 的学生归因为家里太穷需要他们劳动，4.3% 的学生归因为跟着朋友们一起去城里。显然，受访学生认为民族地区学生辍学的首要原因是家庭贫困，次要原因是学习态度。

表 2-1-10 / 全部有效全答卷（$N=9212$）频数统计表

		非常好	比较好	一般	不大好	很不好	合计
第 38 题	计数 / 份	938	3186	3908	878	302	9212
	比例 /%	10.2	34.6	42.4	9.5	3.3	100.0
第 39 题	计数 / 份	3708	4072	764	414	254	9212
	比例 /%	40.3	44.2	8.3	4.5	2.8	100.0
第 40 题	计数 / 份	989	3158	757	3910	398	9212
	比例 /%	10.7	34.3	8.2	42.4	4.3	100.0

由表 2-1-11、表 2-1-12 数据可知，此项调查提交有效全答卷的受

访学生中，14.1%的内蒙古受访学生、8.2%的广西受访学生、4.4%的贵州受访学生、5.4%的云南受访学生、9.0%的西藏受访学生、7.1%的青海受访学生、9.9%的宁夏受访学生、25.1%的新疆受访学生，认为自己的学业成绩非常好。认为自己学业非常好的新疆受访学生最多，远高于全部受访学生的平均值（10.2%）；认为自己学业非常好的贵州与云南受访学生最少，仅为4.4%与5.4%，远低于平均值。

由表 2-1-11、表 2-1-12 数据可知，此项调查提交有效全答卷的受访学生中，53.2%的内蒙古受访学生、45.4%的广西受访学生、27.3%的贵州受访学生、28.0%的云南受访学生、47.5%的西藏受访学生、41.6%的青海受访学生、49.2%的宁夏受访学生、66.9%的新疆受访学生，认为自己学业好（非常好与比较好）。认为自己学业好的新疆受访学生最多，远高于全部受访学生的平均值（44.8%）；认为自己学业好的贵州、云南受访学生最少，仅为27.3%与28.0%，远低于平均值。

由表 2-1-11、表 2-1-12 数据可知，此项调查提交有效全答卷的受访学生中，8.0%的内蒙古受访学生、12.8%的广西受访学生、19.0%的贵州受访学生、17.9%的云南受访学生、14.3%的西藏受访学生、13.1%的青海受访学生、10.7%的宁夏受访学生、6.7%的新疆受访学生，认为自己学业不好（不大好与很不好）。认为自己学业不好的贵州、云南受访学生最多，为19.0%与17.9%，远高于全部受访学生的平均值（12.8%）；认为自己学业不好的新疆受访学生最少，远低于平均值。从此次受访学生对学业的自我认定看，新疆学生学业最好，其次是内蒙古、宁夏、西藏、广西、青海、云南，最后是贵州，同时贵州也是学业不好学生最多的受访地区。

表 2-1-11 / 全部有效全答卷（N=9212）均值统计表

	N	极小值	极大值	均值	标准差
第 38 题	8972	1	5	2.61	0.91

表 2-1-12 / 有效全答八省或自治区学生（N=9212）第 38 题频数统计表

		非常好	比较好	一般	不大好	很不好	合计
内蒙古	计数/份	162	450	448	66	26	1152
	比例/%	14.1	39.1	38.9	5.7	2.3	100.0
	累积计数/份	162	612	1060	1126	1152	
	累积比例/%	14.1	53.1	92.0	97.7	100.0	
广西	计数/份	94	426	479	114	32	1145

续表

		非常好	比较好	一般	不大好	很不好	合计
	比例/%	8.2	37.2	41.8	10.0	2.8	100.0
	累积计数/份	94	520	999	1113	1145	
	累积比例/%	8.2	45.4	87.2	97.2	100.0	
贵州	计数/份	54	280	657	183	49	1223
	比例/%	4.4	22.9	53.7	15.0	4.0	100.0
	累积计数/份	54	334	991	1174	1223	
	累积比例/%	4.4	27.3	81.0	96.0	100.0	
云南	计数/份	55	228	547	142	39	1011
	比例/%	5.4	22.6	54.1	14.0	3.9	100.0
	累积计数/份	55	283	830	972	1011	
	累积比例/%	5.4	28.0	82.1	96.1	100.0	
西藏	计数/份	101	434	432	110	51	1128
	比例/%	9.0	38.5	38.3	9.8	4.5	100.0
	累积计数/份	101	535	967	1077	1128	
	累积比例/%	9.0	47.4	85.7	95.5	100.0	
青海	计数/份	81	392	513	115	34	1135
	比例/%	7.1	34.5	45.2	10.1	3.0	100.0
	累积计数/份	81	473	986	1101	1135	
	累积比例/%	7.1	41.7	86.9	97.0	100.0	
宁夏	计数/份	141	559	569	105	47	1421
	比例/%	9.9	39.3	40.0	7.4	3.3	100.0
	累积计数/份	141	700	1269	1374	1421	
	累积比例/%	9.9	49.3	89.3	96.7	100.0	
新疆	计数/份	250	417	263	43	24	997
	比例/%	25.1	41.8	26.4	4.3	2.4	100.0
	累积计数/份	250	667	930	973	997	
	累积比例/%	25.1	66.9	93.3	97.6	100.0	

由表 2-1-13 数据可知，此项调查提交有效全答卷的受访学生中，83.3% 的内蒙古受访学生、77.8% 的广西受访学生、88.2% 的贵州受访学生、87.6% 的云南受访学生、78.5% 的西藏受访学生、82.9% 的青海受访学生、88.7% 的宁夏受访学生、87.9% 的新疆受访学生，认为学生学业不好是自身原因（学习态度与学习方法）。虽然比例最高的宁夏（88.7%）与比例最低的广西（77.8%）相差近 10%，但总体而言这一归因没有本质差异，而且全部受访学生中将学业不好归为内因者达到 84.5%。由此可知，此次受访民族地区学生将学生学业不好普遍归因为自我内因。

表 2-1-13 / 有效全答八省或自治区学生（N=9212）第 39 题频数统计表

		学习态度不好	学习方法不对	学习内容太难	老师教得太差	考试太难	合计
内蒙古	计数/份	521	439	98	52	42	1152
	比例/%	45.2	38.1	8.5	4.5	3.6	100.0
	累积计数/份	521	960	1058	1110	1152	
	累积比例/%	45.2	83.3	91.8	96.4	100.0	
广西	计数/份	444	447	143	73	38	1145
	比例/%	38.8	39.0	12.5	6.4	3.3	100.0
	累积计数/份	444	891	1034	1107	1145	
	累积比例/%	38.8	77.8	90.3	96.7	100.0	
贵州	计数/份	535	544	68	50	26	1223
	比例/%	43.7	44.5	5.6	4.1	2.1	100.0
	累积计数/份	535	1079	1147	1197	1223	
	累积比例/%	43.7	88.2	93.8	97.9	100.0	
云南	计数/份	464	422	72	29	24	1011
	比例/%	45.9	41.7	7.1	2.9	2.4	100.0
	累积计数/份	464	886	958	987	1011	
	累积比例/%	45.9	87.6	94.8	97.6	100.0	
西藏	计数/份	314	572	128	59	55	1128
	比例/%	27.8	50.7	11.3	5.2	4.9	100.0
	累积计数/份	314	886	1014	1073	1128	
	累积比例/%	27.8	78.5	89.9	95.1	100.0	
青海	计数/份	410	531	106	58	30	1135
	比例/%	36.1	46.8	9.3	5.1	2.6	100.0
	累积计数/份	410	941	1047	1105	1135	
	累积比例/%	36.1	82.9	92.2	97.4	100.0	
宁夏	计数/份	615	645	96	43	22	1421
	比例/%	43.3	45.4	6.8	3.0	1.5	100.0
	累积计数/份	615	1260	1356	1399	1421	
	累积比例/%	43.3	88.7	95.4	98.5	100.0	
新疆	计数/份	405	472	53	50	17	997
	比例/%	40.6	47.3	5.3	5.0	1.7	100.0
	累积计数/份	405	877	930	980	997	
	累积比例/%	40.6	88.0	93.3	98.3	100.0	

由表 2-1-14 数据可知，此项调查提交有效全答卷的受访学生中，33.2%的内蒙古受访学生、42.6%的广西受访学生、51.9%的贵州受访学生、47.2%的云南受访学生、37.5%的西藏受访学生、44.0%的青海受访学生、

65.3%的宁夏受访学生、31.7%的新疆受访学生，认为学生中途辍学外出打工是因为内在原因。全部受访学生均值为44.2.%，因此外在原因占据主导地位，但宁夏受访学生认为主要是内因（65.3%），贵州也有过半受访学生认为是内因（51.9%）。

表 2-1-14 / 有效全答八省或自治区学生（N=9212）第 40 题频数统计表

		他们的学习能力不足	他们的学习态度不好	学校的课程对他们没用	家里太穷，需要他们劳动	跟着朋友们一起去城里	合计
内蒙古	计数/份	103	279	101	641	28	1152
	比例/%	8.9	24.2	8.8	55.6	2.4	100.0
	累积计数/份	103	382	483	1124	1152	
	累积比例/%	8.9	33.2	41.9	97.6	100.0	
广西	计数/份	87	401	128	488	41	1145
	比例/%	7.6	35.0	11.2	42.6	3.6	100.0
	累积计数/份	87	488	616	1104	1145	
	累积比例/%	7.6	42.6	53.8	96.4	100.0	
贵州	计数/份	97	538	76	422	90	1223
	比例/%	7.9	44.0	6.2	34.5	7.4	100.0
	累积计数/份	97	635	711	1133	1223	
	累积比例/%	7.9	51.9	58.1	92.6	100.0	
云南	计数/份	98	379	78	417	39	1011
	比例/%	9.7	37.5	7.7	41.2	3.9	100.0
	累积计数/份	98	477	555	972	1011	
	累积比例/%	9.7	47.2	54.9	96.1	100.0	
西藏	计数/份	149	274	137	515	53	1128
	比例/%	13.2	24.3	12.1	45.7	4.7	100.0
	累积计数/份	149	423	560	1075	1128	
	累积比例/%	13.2	37.5	49.6	95.3	100.0	
青海	计数/份	113	386	122	478	36	1135
	比例/%	10.0	34.0	10.7	42.1	3.2	100.0
	累积计数/份	113	499	621	1099	1135	
	累积比例/%	10.0	44.0	54.7	96.8	100.0	
宁夏	计数/份	251	676	73	342	79	1421
	比例/%	17.7	47.6	5.1	24.1	5.6	100.0
	累积计数/份	251	927	1000	1342	1421	
	累积比例/%	17.7	65.2	70.4	94.4	100.0	
新疆	计数/份	91	225	42	607	32	997
	比例/%	9.1	22.6	4.2	60.9	3.2	100.0
	累积计数/份	91	316	358	965	997	
	累积比例/%	9.1	31.7	35.9	96.8	100.0	

第三部分
有效全答汉族与少数民族全部和等量学生数据、有效全答过百少数民族数据报告分析

1. 有效全答汉族与少数民族全部学生数据

（1）分析：卡方检验：有效全答汉族与少数民族全部学生数据。

有效全答汉族与少数民族全部学生（汉族学生4486人，少数民族学生4726人，共9212人）数据的卡方检验结果由表2-1-15～表2-1-17和图2-1-1～图2-1-3呈现，其编号分别依次对应问卷的第38、39、40题。

汉族与少数民族有效全答全部学生第38题数据的卡方检验结果（表2-1-15和图2-1-1）表明，汉族和少数民族有效全答学生就第38题"我目前学习的总体状况是"的应答分布，存在显著差异〔$\chi^2(4, N=9212)=27.96, p<0.001$〕。换言之，民族因素与"我目前学习的总体状况是"之间互有联系。不过，eta方值仅为0.001，即相关效应极其微弱。

表2-1-15 / 汉族与少数民族有效全答全部学生（$N=9212$）第38题交叉表（"我目前学习的总体状况是"）

		非常好	比较好	一般	不大好	很不好	合计
汉族	计数/份	529	1545	1850	407	155	4486
	比例/%	11.8	34.4	41.2	9.1	3.5	100.0
少数民族	计数/份	409	1641	2058	471	147	4726
	比例/%	8.7	34.7	43.5	10.0	3.1	100.0
合计	计数/份	938	3186	3908	878	302	9212
	比例/%	10.2	34.6	42.4	9.5	3.3	100.0

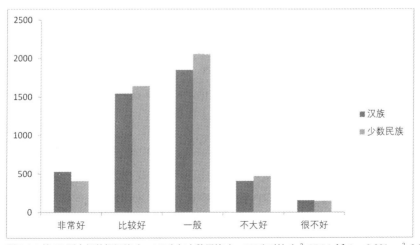

图2-1-1 第38题全部数据汉族（$n=4486$）与少数民族（$n=4726$）对比（$\chi^2=27.96, df=4, p<0.001; \eta^2=0.001$）

汉族与少数民族有效全答全部学生第 39 题数据的卡方检验结果（表 2-1-16 和图 2-1-2）表明，汉族和少数民族有效全答学生就第 39 题"有的学生学习成绩不是很好，最主要原因是"的应答分布，存在显著差异〔χ^2 (4, N=9212)= 17.97, p =0.001〕。换言之，民族因素与"有的学生学习成绩不是很好，最主要原因是"之间互有联系。不过，Lambda 值仅为 0.000，即没有相关效应。

表 2-1-16 / 汉族与少数民族有效全答全部学生（N=9212）第 39 题交叉表
（"有的学生学习成绩不是很好，最主要原因是"）

		学习态度不好	学习方法不对	学习内容太难	老师教得太差	考试太难	合计
汉族	计数/份	1902	1915	347	198	124	4486
	比例/%	42.4	42.7	7.7	4.4	2.8	100.0
少数民族	计数/份	1806	2157	417	216	130	4726
	比例/%	38.2	45.6	8.8	4.6	2.8	100.0
合计	计数/份	3708	4072	764	414	254	9212
	比例/%	40.3	44.2	8.3	4.5	2.8	100.0

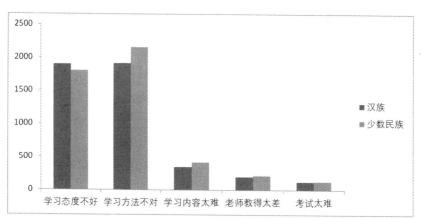

图 2-1-2 第 39 题全部数据汉族（n=4486）与少数民族（n=4726）对比（χ^2=17.97, df=4, p<0.001; λ^2=0.000）

汉族与少数民族有效全答全部学生第 40 题数据的卡方检验结果（表 2-1-17 和图 2-1-3）表明，汉族和少数民族有效全答学生就第 40 题"有的民族地区中小学生中途退学、外出打工，我认为，他们放弃学业的最主要原因是"的应答分布，没有发现差异〔χ^2 (4, N=9212)=8.82, p=0.066〕。换言之，民族因素与"有的民族地区中小学生中途退学、外出打工，我认为，他们放弃学业的最主要原因是"之间没有联系。

表 2-1-17 / 汉族与少数民族有效全答全部学生（N=9212）第 40 题交叉表
（"有的民族地区中小学生中途退学、外出打工，我认为，他们放弃学业的最主要原因是"）

		他们的学习能力不足	他们的学习态度不好	学校的课程对他们没用	家里太穷，需要他们劳动	跟着朋友们一起去城里	合计
汉族	计数/份	447	1514	368	1958	199	4486
	比例/%	10.0	33.7	8.2	43.6	4.4	100.0
少数民族	计数/份	542	1644	389	1952	199	4726
	比例/%	11.5	34.8	8.2	41.3	4.2	100.0
合计	计数/份	989	3158	757	3910	398	9212
	比例/%	10.7	34.3	8.2	42.4	4.3	100.0

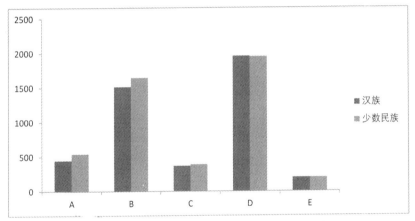

图 2-1-3 第 40 题全部数据汉族（n=4486）与少数民族（n=4726）对比（χ^2=8.82, df=4, p<0.066）

（2）单因素方差分析（ANOVA）：有效全答汉族与少数民族全部学生数据。

本报告对第 38 题选项赋值（1=A. 非常好；2=B. 比较好；3=C. 一般；4=D. 不大好；5=E. 很不好），进而计算其平均值并进行单因素方差分析。有效全答汉族与少数民族全部学生数据（汉族学生 4486 人，少数民族学生 4726 人，共 9212 人）分析结果见表 2-1-18。

表 2-1-18 / 有效全答汉族与少数民族全部学生（N=9212）第 38 题均值比较

第 38 题

汉族均值	2.58
少数民族均值	2.64
均值差	0.06
F 值	10.68
p 值	0.001*

$N=9212$，汉族 $n=4486$，少数民族 $n=4726$；*$p<0.05$

单因素方差分析（ANOVA）结果表明，有效全答汉族与少数民族全部学生第 38 题数据的均值之间在 $a=0.05$ 水平上存在显著差异〔$F(1, 9210)=10.68, p=0.001$〕。换言之，民族因素（按汉族和少数民族分类）与该题所关注的因素之间存在相关性。

结合本题选项赋值（1=A. 非常好；2=B. 比较好；3=C. 一般；4=D. 不大好；5=E. 很不好）可发现，有效全答学生认为"我目前学习的总体状况是"均值为 1.99。不过，有效全答汉族学生自认为的学习状态（均值 =2.58）要比少数民族学生（均值 =2.64）强 0.06。

2. 有效全答汉族与少数民族等量学生（$N=8972$）数据

前一部分的分析是对本调查所有有效全答汉族与少数民族学生数据的分析，但两部分人数并不相同。有效全答汉族学生 4486 人，占总人数的 48.7%；有效全答少数民族学生 4726 人，占总人数的 51.3%。

为进行更严谨的对比分析，此节选择同量样本进行分析，即汉族和少数民族学生人数均为 4486 人，各占参与分析样本总数（8972 人）的 50%。其中，汉族学生样本数据即上述有效全答卷 4486 份，而少数民族学生样本则利用 SPSS 在已有的 4726 份有效全答卷中随机抽样获得。

（1）有效全答汉族与少数民族等量有效全答（$N=8972$）卷描述性统计结果（表 2-1-19、表 2-1-20）。

表 2-1-19 / 汉族与少数民族有效全答等量学生（N=8972）频数统计表

		A	B	C	D	E	合计
第38题	计数/份	915	3113	3795	853	296	8972
	比例/%	10.2	34.7	42.3	9.5	3.3	100.0
第39题	计数/份	3607	3975	739	400	251	8972
	比例/%	40.2	44.3	8.2	4.5	2.8	100.0
第40题	计数/份	964	3082	736	3801	389	8972
	比例/%	10.7	34.4	8.2	42.4	4.3	100.0

表 2-1-20 / 汉族与少数民族有效全答等量学生（N=8972）均值统计表

	N	极小值	极大值	均值	标准差
第38题	8972	1	5	2.61	0.91

（2）卡方检验：有效全答汉族与少数民族等量学生数据。

有效全答汉族与少数民族等量学生（汉族学生4486人，少数民族学生4486人，共8972人）数据的卡方检验结果由下表 2-1-21～表 2-1-23 和图 2-1-4～图 2-1-6 呈现，其编号分别依次对应问卷的第 38、39、40 题。

汉族与少数民族有效全答等量学生第 38 题数据的卡方检验结果（表 2-1-21 和图 2-1-4）表明，汉族和少数民族有效全答等量学生就第 38 题"我目前学习的总体状况是"的应答分布，存在显著差异〔χ^2 (4, N=9212)=27.34, p<0.001〕。换言之，民族因素与"我目前学习的总体状况是"之间互有联系。不过，eta 方值仅为 0.001，即相关效应极其微弱。

表 2-1-21 / 汉族与少数民族有效全答等量学生（N=8972）第 38 题交叉表（"我目前学习的总体状况是"）

		非常好	比较好	一般	不大好	很不好	合计
汉族	计数/份	529	1545	1850	407	155	4486
	比例/%	11.8	34.4	41.2	9.1	3.5	100.0
少数民族	计数/份	386	1568	1945	446	141	4486
	比例/%	8.6	35.0	43.4	9.9	3.1	100.0

续表

		非常好	比较好	一般	不大好	很不好	合计
合计	计数/份	915	3113	3795	853	296	8972
	比例/%	10.2	34.7	42.3	9.5	3.3	100.0

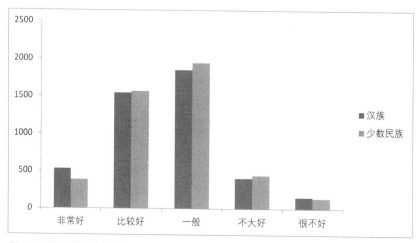

图 2-1-4 第 38 题等量数据汉族（n=4486）与少数民族（n=4486）对比（χ^2=27.34, df=4, p<0.001; η^2=0.001）

汉族与少数民族有效全答等量学生第 39 题数据的卡方检验结果（表 2-1-22 和图 2-1-5）表明，汉族和少数民族等量有效全答学生就第 39 题"有的学生学习成绩不是很好，最主要原因是"的应答分布，存在显著差异〔χ^2 (4, N=8972)=18.87, p=0.001〕。换言之，民族因素与"有的学生学习成绩不是很好，最主要原因是"之间互有联系。Lambda 值仅为 0.001，即没有发现其相关效应。

表 2-1-22 / 汉族与少数民族有效全答等量学生（N=8972）第 39 题交叉表
（"有的学生学习成绩不是很好，最主要原因是"）

		学习态度不好	学习方法不对	学习内容太难	老师教得太差	考试太难	合计
汉族	计数/份	1902	1915	347	198	124	4486
	比例/%	42.4	42.7	7.7	4.4	2.8	100.0
少数民族	计数/份	1705	2060	392	202	127	4486
	比例/%	38.0	45.9	8.7	4.5	2.8	100.0
合计	计数/份	3607	3975	739	400	251	8972
	比例/%	40.2	44.3	8.2	4.5	2.8	100.0

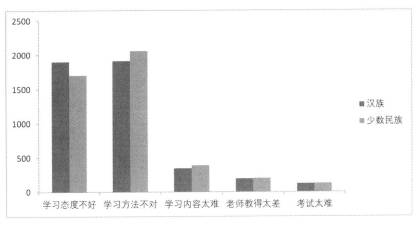

图 2-1-5 第 39 题等量数据汉族（n=4486）与少数民族（n=4486）对比（χ^2=18.87,df=4,p=0.001; λ=0.001）

汉族与少数民族有效全答等量学生第 40 题数据的卡方检验结果（表 2-1-23 和图 2-1-6）表明，汉族和少数民族等量有效全答学生就第 40 题"有的民族地区中小学生中途退学、外出打工，我认为，他们放弃学业的最主要原因是"的应答分布，存在显著差异〔χ^2 (4, N=8972)=9.71, p=0.045〕。换言之，民族因素与"有的民族地区中小学生中途退学、外出打工，我认为，他们放弃学业的最主要原因是"之间互有联系。Lambda 值仅为 0.001，即没有发现其相关效应。

表 2-1-23 / 汉族与少数民族有效全答等量学生（N=8972）第 40 题交叉表
（"有的民族地区中小学生中途退学、外出打工，我认为，他们放弃学业的最主要原因是"）

		他们的学习能力不足	他们的学习态度不好	学校的课程对他们没用	家里太穷，需要他们劳动	跟着朋友们一起去城里	合计
汉族	计数/份	447	1514	368	1958	199	4486
	比例/%	10.0	33.7	8.2	43.6	4.4	100.0
少数民族	计数/份	517	1568	368	1843	190	4486
	比例/%	11.5	35.0	8.2	41.1	4.2	100.0
合计	计数/份	964	3082	736	3801	389	8972
	比例/%	10.7	34.4	8.2	42.4	4.3	100.0

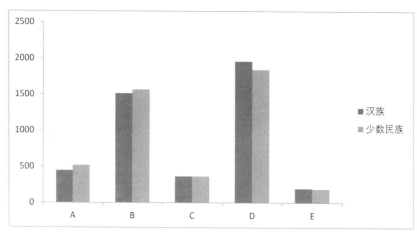

图 2-1-6 第 40 题等量数据汉族（n=4486）与少数民族（n=4486）对比（χ^2=9.71, df=4, p=0.045; λ=0.001）

（3）单因素方差分析（ANOVA）：有效全答汉族与少数民族等量学生数据。

本报告对第 38 题选项赋值（1=A. 非常好；2=B. 比较好；3=C. 一般；4=D. 不大好；5=E. 很不好），进而计算其平均值并进行单因素方差分析。有效全答汉族与少数民族等量学生数据（汉族学生 4486 人，少数民族学生 4486 人，共 8972 人）分析结果见表 2-1-24。

表 2-1-24 / 有效全答汉族与少数民族等量学生（N=8972）第 38 题均值比较

第 38 题

汉族均值	2.58
少数民族均值	2.64
均值差	0.06
F 值	10.09
p 值	0.001*

N=8972，汉族 n=4486，少数民族 n=4486；*p<0.05

单因素方差分析（ANOVA）结果发现，有效全答汉族与少数民族等量学生第 38 题数据的均值之间在 α=0.05 水平上存在显著差异〔F(1, 9210)=10.09, p=0.001〕。换言之，民族因素（按汉族和少数民族分类）与该题所关注的因素之间存在相关性。

结合本题选项赋值（1=A. 非常好；2=B. 比较好；3=C. 一般；4=D. 不大好；5=E. 很不好）可发现，等量有效全答学生回答的"我目前学习的总体状况是"均值为 1.99。不过，有效全答汉族学生自认为的学习状态（均值=2.58）要比少数民族学生（均值=2.64）强0.06。

3. 有效全答过百少数民族等量数据

（1）有效全答过百少数民族等量描述性统计结果（表2-1-25、表2-1-26）。

表2-1-25 / 有效全答人数过百少数民族等量学生（N=954）频数统计表

		A	B	C	D	E	合计
第38题	计数/份	106	317	410	97	24	954
	比例/%	11.1	33.2	43.0	10.2	2.5	100.0
第39题	计数/份	402	406	74	40	32	954
	比例/%	42.1	42.6	7.8	4.2	3.4	100.0
第40题	计数/份	105	358	70	380	41	954
	比例/%	11.0	37.5	7.3	39.8	4.3	100.0

表2-1-26 / 有效全答人数过百少数民族等量学生（N=954）均值统计表

	N	极小值	极大值	均值	标准差
第38题	954	1	5	2.60	0.90

（2）卡方检验：有效全答人数过百少数民族等量学生数据。

有效全答人数过百少数民族等量数据（每个民族各106份，共954份）的卡方检验结果由表2-1-27~表2-1-29和图2-1-7~图2-1-9呈现，其编号分别依次对应问卷的第38、39、40题。

有效全答人数过百少数民族等量学生第38题数据的卡方检验结果（表2-1-27和图2-1-7）表明，有效全答过百少数民族有效全答学生就第38题"我目前学习的总体状况是"的应答分布存在显著差异〔χ^2(32, $N=954$)=218.49, $p<0.001$〕。换言之，民族因素与本题所关注的因素之间互有联系，eta方值为0.159，即其相关效应强。

表2-1-27 / 有效全答人数过百少数民族等量学生（N=954）第38题数据对比交叉表（"我目前学习的总体状况是"）

		非常好	比较好	一般	不大好	很不好	合计
壮族	计数/份	4	42	46	12	2	106
	比例/%	3.8	39.6	43.4	11.3	1.9	100.0
回族	计数/份	10	50	40	5	1	106
	比例/%	9.4	47.2	37.7	4.7	0.9	100.0

续表

		非常好	比较好	一般	不大好	很不好	合计
苗族	计数/份	10	36	44	12	4	106
	比例/%	9.4	34.0	41.5	11.3	3.8	100.0
藏族	计数/份	13	37	45	10	1	106
	比例/%	12.3	34.9	42.5	9.4	0.9	100.0
傣族	计数/份	3	15	63	23	2	106
	比例/%	2.8	14.2	59.4	21.7	1.9	100.0
蒙古族	计数/份	9	40	46	6	5	106
	比例/%	8.5	37.7	43.4	5.7	4.7	100.0
布依族	计数/份	6	21	62	12	5	106
	比例/%	5.7	19.8	58.5	11.3	4.7	100.0
哈尼族	计数/份	7	27	53	15	4	106
	比例/%	6.6	25.5	50.0	14.2	3.8	100.0
维吾尔族	计数/份	44	49	11	2	0	106
	比例/%	41.5	46.2	10.4	1.9	0.0	100.0
合计	计数/份	106	317	410	97	24	954
	比例/%	11.1	33.2	43.0	10.2	2.5	100.0

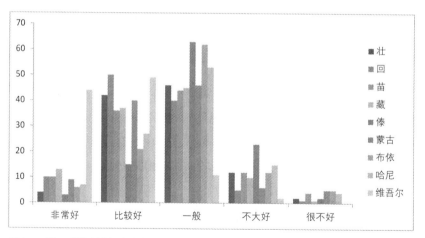

图 2-1-7 第 38 题等量数据有效全答过百少数民族（n=106）对比（χ^2=218.49, df=32, p<0.001; η^2=0.159）

有效全答人数过百少数民族等量学生第 39 题数据的卡方检验结果（表 2-1-28 和图 2-1-8）表明，有效全答过百少数民族有效全答学生就第 39 题"有的学生学习成绩不是很好,最主要原因是"的应答分布存在显著差异〔χ^2 (32, N=954)=53.35, p=0.010〕。换言之,民族因素与本题所关注的因素之间互有联系,Lambda 值为 0.077,即相关效应极其微弱。

表 2-1-28 / 有效全答人数过百少数民族等量学生(N=954)第 39 题数据对比交叉表("有的学生学习成绩不是很好,最主要原因是")

		学习态度不好	学习方法不对	学习内容太难	老师教得太差	考试太难	合计
壮族	计数/份	44	44	10	4	4	106
	比例/%	41.5	41.5	9.4	3.8	3.8	100.0
回族	计数/份	47	47	6	4	2	106
	比例/%	44.3	44.3	5.7	3.8	1.9	100.0
苗族	计数/份	44	47	11	2	2	106
	比例/%	41.5	44.3	10.4	1.9	1.9	100.0
藏族	计数/份	24	56	14	7	5	106
	比例/%	22.6	52.8	13.2	6.6	4.7	100.0
傣族	计数/份	51	39	8	6	2	106
	比例/%	48.1	36.8	7.5	5.7	1.9	100.0
蒙古族	计数/份	54	37	7	2	6	106
	比例/%	50.9	34.9	6.6	1.9	5.7	100.0
布依族	计数/份	48	46	6	3	3	106
	比例/%	45.3	43.4	5.7	2.8	2.8	100.0
哈尼族	计数/份	51	40	4	3	8	106
	比例/%	48.1	37.7	3.8	2.8	7.5	100.0
维吾尔族	计数/份	39	50	8	9	0	106
	比例/%	36.8	47.2	7.5	8.5	0.0	100.0
合计	计数/份	402	406	74	40	32	954
	比例/%	42.1	42.6	7.8	4.2	3.4	100.0

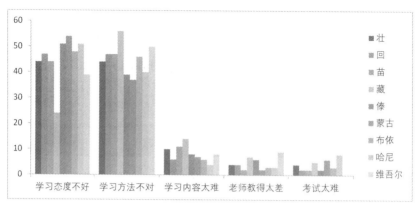

图 2-1-8 第 39 题等量数据有效全答过百少数民族（n=106）对比（χ^2=53.35, df=32, p=0.010; λ=0.077）

有效全答人数过百少数民族等量学生第 40 题数据的卡方检验结果（表 2-1-29 和图 2-1-9）表明，有效全答过百少数民族有效全答学生就第 40 题"有的民族地区中小学生中途退学、外出打工，我认为，他们放弃学业的最主要原因是"的应答分布存在显著差异〔χ^2(32, N=954)=46.80, p=0.044〕。换言之，民族因素与本题所关注的因素之间互有联系，Lambda 值为 0.073，即相关效应极其微弱。

表 2-1-29 / 有效全答人数过百少数民族等量学生（N=954）第 40 题数据对比交叉表
（"有的民族地区中小学生中途退学、外出打工，我认为，他们放弃学业的最主要原因是"）

		他们的学习能力不足	他们的学习态度不好	学校的课程对他们没用	家里太穷，需要他们劳动	跟着朋友们一起去城里	合计
壮族	计数/份	8	47	7	41	3	106
	比例/%	7.5	44.3	6.6	38.7	2.8	100.0
回族	计数/份	19	47	7	29	4	106
	比例/%	17.9	44.3	6.6	27.4	3.8	100.0
苗族	计数/份	6	45	8	39	8	106
	比例/%	5.7	42.5	7.5	36.8	7.5	100.0
藏族	计数/份	12	34	11	45	4	106
	比例/%	11.3	32.1	10.4	42.5	3.8	100.0
傣族	计数/份	16	32	9	46	3	106
	比例/%	15.1	30.2	8.5	43.4	2.8	100.0
蒙古族	计数/份	9	32	8	54	3	106
	比例/%	8.5	30.2	7.5	50.9	2.8	100.0
布依族	计数/份	9	43	5	40	9	106
	比例/%	8.5	40.6	4.7	37.7	8.5	100.0

续表

		他们的学习能力不足	他们的学习态度不好	学校的课程对他们没用	家里太穷,需要他们劳动	跟着朋友们一起去城里	合计
哈尼族	计数/份	10	48	7	39	2	106
	比例/%	9.4	45.3	6.6	36.8	1.9	100.0
维吾尔族	计数/份	16	30	8	47	5	106
	比例/%	15.1	28.3	7.5	44.3	4.7	100.0
合计	计数/份	105	358	70	380	41	954
	比例/%	11.0	37.5	7.3	39.8	4.3	100.0

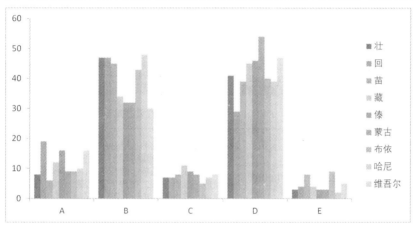

图 2-1-9 第 40 题等量数据有效全答过百少数民族（n=106）对比（χ^2=46.80, df=32, p=0.044; λ=0.073）

（3）单因素方差分析（ANOVA）：有效全答人数过百少数民族等量学生数据。

本报告对第 38 题选项赋值（1=A. 非常好；2=B. 比较好；3=C. 一般；4=D. 不大好；5=E. 很不好），进而对有效全答过百少数民族等量数据（每个民族各 106 份，共 954 份）计算其平均值并进行单因素方差分析，结果见表 2-1-30。

表 2-1-30 / 有效全答人数过百少数民族等量学生（N=954；各民族 n=106）第 38 题数据均值比较

第 38 题	
壮族	2.68
回族	2.41
苗族	2.66
藏族	2.52

续表

傣族	3.06
蒙古族	2.60
布依族	2.90
哈尼族	2.83
维吾尔族	1.73
均值极差	1.33

进而对有效全答过百少数民族等量数据（每个民族各 106 份，共 954 份）方差齐次检验后多重分析两两之间的差异，见表 2-1-31。

表 2-1-31 / 有效全答过百民族等量学生（N=954）方差分析及其后续 Tamhane 多重分析结果

	F 值	P 值	存在显著差异的组别
第 38 题	22.28	0.000*	壮族 / 傣族，壮族 / 维吾尔族，回族 / 傣族，回族 / 布依族，回族 / 哈尼族，维吾尔族 / 回族，苗族 / 傣族，苗族 / 维吾尔族，藏族 / 傣族，藏族 / 维吾尔族，傣族 / 蒙古族，傣族 / 维吾尔族，蒙古族 / 维吾尔族，布依族 / 维吾尔族，哈尼族 / 维吾尔族

N=954；组间 df=8，组内 df=945；*p<0.05

第 38 题〔$F(8, 945)$ =22.28, p = 0.000〕有效全答过百少数民族数据的均值之间存在显著差异，根据方差齐性检验之后进一步 Tamhane 后续多重分析，两两差异主要存在于傣族分别与壮族、回族、苗族、藏族、蒙古族、维吾尔族之间的差异；维吾尔族分别与壮族、回族、苗族、藏族、蒙古族、布依族、哈尼族之间的差异；回族分别与布依族、哈尼族之间的差异。

结合选项赋值（1=A. 非常好；2=B. 比较好；3=C. 一般；4=D. 不大好；5=E. 很不好）可发现，就第 38 题"我目前学习的总体状况是"而言，有效全答傣族学生的学习状态显著弱于壮族、回族、苗族、藏族、蒙古族、维吾尔族；维吾尔族学生的学习状态显著强于壮族、回族、苗族、藏族、蒙古族、布依族、哈尼族；回族学生的学习状态显著强于布依族、哈尼族；且其差距都达到显著意义〔壮族（均值 =2.68）、回族（均值 =2.41）、苗族（均值 =2.66）、藏族（均值 =2.52）、傣族（均值 =3.06）、蒙古族（均值 =2.60）、布依族（均值 =2.90）、哈尼族（均

值 =2.83)、维吾尔族(均值 =1.73)〕。这说明少数民族学生之间也存在较为显著的学业差异。

第四部分 有效全答不同学段等量学生（*N*=3820）数据报告分析

为分析不同学段有效全答学生学业目标定向情况，此节将以学段因素为分类变量进行比较分析。在本调查有效全答9212人中，小学生955人（占10.4%），初中生3116人（占33.8%），高中生2384人（占25.9%），大学生2757人（占29.9%）。基于有效全答学生人数最少的小学人数，本报告利用SPSS，从初中、高中和大学数据中各随机抽取955人，以获得小学、初中、高中、大学各955人（各占25%）的等量对比分析数据共3820份。

1. 有效全答不同学段等量学生数描述性统计结果（表 2-1-32、表 2-1-33）。

表 2-1-32 / 有效全答学段等量学生（*N*=3820）频数统计表

		A	B	C	D	E	合计
第38题	计数/份	479	1348	1506	358	129	3820
	比例/%	12.5	35.3	39.4	9.4	3.4	100.0
第39题	计数/份	1674	1609	275	151	111	3820
	比例/%	43.8	42.1	7.2	4.0	2.9	100.0
第40题	计数/份	437	1253	303	1660	167	3820
	比例/%	11.4	32.8	7.9	43.5	4.4	100.0

表 2-1-33 / 有效全答学段等量学生（*N*=3820）均值统计表

	N	极小值	极大值	均值	标准差
第38题	3820	1	5	2.56	0.94

2. 卡方检验：有效全答不同学段（小学、初中、高中、大学）等量学生数据。

小学、中学、大学各学段等量数据（小学955人，初中955人，高中955人，大学955人，共3820人）的卡方检验结果由表2-1-34～表2-1-36和图2-1-10～图2-1-12呈现，其编号分别依次对应问卷的第38、39、40题。

学段（小学、初中、高中、大学）等量第38题数据的卡方检验结果（表2-1-34和图2-1-10）表明，小学、初中、高中、大学有效全答学生就第38题"我目前学习的总体状况是"的应答分布存在显著差异〔χ^2(12, N=3820)=321.67, p<0.001〕。换言之，学段与本题所关注的因素之间互有联系。eta方值为0.053，即其相关效应弱。

表 2-1-34 / 有效全答学段等量学生（N=3820）第 38 题数据对比交叉表
（"我目前学习的总体状况是"）

		非常好	比较好	一般	不大好	很不好	合计
小学	计数/份	253	373	246	50	33	955
	比例/%	26.5	39.1	25.8	5.2	3.5	100.0
初中	计数/份	78	361	390	97	29	955
	比例/%	8.2	37.8	40.8	10.2	3.0	100.0
高中	计数/份	64	263	476	115	37	955
	比例/%	6.7	27.5	49.8	12.0	3.9	100.0
大学	计数/份	84	351	394	96	30	955
	比例/%	8.8	36.8	41.3	10.1	3.1	100.0
合计	计数/份	479	1348	1506	358	129	3820
	比例/%	12.5	35.3	39.4	9.4	3.4	100.0

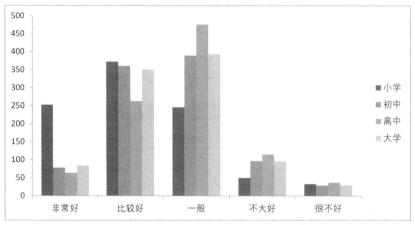

图 2-1-10 第 38 题学段等量数据（各学段 n=955）对比（χ^2=321.67, df=12, p<0.001; η^2=0.053）

学段(小学、初中、高中、大学)等量第 39 题数据的卡方检验结果(表 2-1-35 和图 2-1-11)表明,小学、初中、高中、大学有效全答学生就第 39 题"有的学生学习成绩不是很好,最主要原因是"的应答分布存在显著差异〔χ^2 (12, N=3820)=159.42, $p<0.001$〕。换言之,学段与本题所关注的因素之间互有联系。不过,Lambda 值为 0.107,即相关效应弱。

表 2-1-35 / 有效全答学段等量学生（N=3820）第 39 题数据对比交叉表
（"有的学生学习成绩不是很好,最主要原因是"）

		学习态度不好	学习方法不对	学习内容太难	老师教得太差	考试太难	合计
小学	计数 / 份	568	274	51	35	27	955
	比例 /%	59.5	28.7	5.3	3.7	2.8	100.0
初中	计数 / 份	373	445	74	35	28	955
	比例 /%	39.1	46.6	7.7	3.7	2.9	100.0
高中	计数 / 份	342	494	64	28	27	955
	比例 /%	35.8	51.7	6.7	2.9	2.8	100.0
大学	计数 / 份	391	396	86	53	29	955
	比例 /%	40.9	41.5	9.0	5.5	3.0	100.0
合计	计数 / 份	1674	1609	275	151	111	3820
	比例 /%	43.8	42.1	7.2	4.0	2.9	100.0

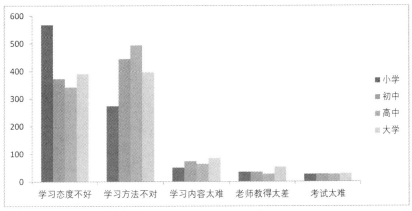

图 2-1-11 第 39 题学段等量数据（各学段 n=955）对比（χ^2=159.42, df=12, $p<0.001$; λ=0.107）

学段（小学、初中、高中、大学）等量第 40 题数据的卡方检验结果（表 2-1-36 和图 2-1-12）表明，小学、初中、高中、大学有效全答学生就第 40 题"有的民族地区中小学生中途退学、外出打工，我认为，他们放弃学业的最主要原因是"的应答分布存在显著差异〔χ^2 (12, N=3820)=141.27, p<0.001〕。换言之，学段与本题所关注的因素之间互有联系。不过，Lambda 值为 0.011，即相关效应极其微弱。

表 2-1-36 / 有效全答学段等量学生（N=3820）第 40 题数据对比交叉表
（"有的民族地区中小学生中途退学、外出打工，我认为，他们放弃学业的最主要原因是"）

		他们的学习能力不足	他们的学习态度不好	学校的课程对他们没用	家里太穷，需要他们劳动	跟着朋友们一起去城里	合计
小学	计数/份	155	210	59	503	28	955
	比例/%	16.2	22.0	6.2	52.7	2.9	100.0
初中	计数/份	119	370	68	347	51	955
	比例/%	12.5	38.7	7.1	36.3	5.3	100.0
高中	计数/份	91	359	72	386	47	955
	比例/%	9.5	37.6	7.5	40.4	4.9	100.0
大学	计数/份	72	314	104	424	41	955
	比例/%	7.5	32.9	10.9	44.4	4.3	100.0
合计	计数/份	437	1253	303	1660	167	3820
	比例/%	11.4	32.8	7.9	43.5	4.4	100.0

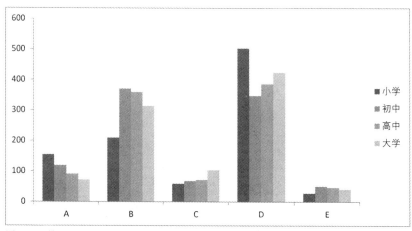

图 2-1-12 第 40 题学段等量数据（各学段 n=955）对比（χ^2=141.27, df=12, p<0.001; λ=0.011）

3. 单因素方差分析（ANOVA）：有效全答不同学段（小学、初中、高中、大学）等量学生数据。

本报告对第38题选项赋值（1=A. 非常好；2=B. 比较好；3=C. 一般；4=D. 不大好；5=E. 很不好），进而对学段（小学、初中、高中、大学）等量数据（各学段955份，共3820份）计算其平均值，结果见表2-1-37。

表2-1-37 / 有效全答学段等量学生（N=3820；各学段 n=955）第38题数据均值比较

学段	第38题
小学	2.20
初中	2.62
高中	2.79
大学	2.62
均值极差	0.59

进而对学段（小学、初中、高中、大学）等量数据（各学段955份，共3820份）方差齐次检验后多重分析具体两两之间的差异，见表2-1-38。

表2-1-38 / 有效全答学段等量学生（N=3820；各学段 n=955）方差分析及其后续Tamhane多重分析结果

	F值	P值	存在显著差异的组别
第38题	71.26	0.000*	小学/初中，小学/高中，小学/大学，初中/高中，大学/高中

N=3820；组间 df=3，组内 df=3816；*p<0.05

单因素方差分析（ANOVA）结果发现，学段因素（按小学、初中、高中、大学分类）与38题〔$F(3, 3816)=71.26, p<0.05$〕所关注因素之间存在相关性。

结合选项赋值（1=A. 非常好；2=B. 比较好；3=C. 一般；4=D. 不大好；5=E. 很不好）可发现，就第38题"我目前学习的总体状况是"而言，小学生的学习状态显著强于初中生、高中生和大学生；高中生的学习状态显著弱于初中生和大学生（小学均值=2.20、初中均值=2.62、高中均值=2.79、大学均值=2.62），并具有显著意义。

第五部分
民族学校与非民族学校等量学生（N=8622）数据报告分析

有效全答民族学校学生4311人，占总人数9212人的46.8%，有效全答非民族学校学生4901人，占总人数9212的53.2%。为进行更严谨的对比分析，此节选择同量样本进行分析，即民族学校与非民族学校学生人数均为4311人，各占参与分析样本总数（8622人）的50%。其中，民族学校学生样本数据即上述有效全答卷4486份，而非民族学校学生样本则利用SPSS在已有的4726份有效全答卷中随机抽样获得。

1. 描述分析：有效全答民族学校与非民族学校等量学生数描述性统计结果（表2-1-39、表2-1-40）。

表2-1-39 / 民族学校与非民族学校有效全答等量学生（N=8622）频数统计表

		A	B	C	D	E	合计
第38题	计数/份	861	2974	3676	834	277	8622
	比例/%	10.0	34.5	42.6	9.7	3.2	100.0
第39题	计数/份	3471	3818	714	381	238	8622
	比例/%	40.3	44.3	8.3	4.4	2.8	100.0
第40题	计数/份	927	2965	700	3658	372	8622
	比例/%	10.8	34.4	8.1	42.4	4.3	100.0

表2-1-40 民族学校与非民族学校有效全答等量学生（N=8622）均值统计表

	N	极小值	极大值	均值	标准差
第38题	8622	1	5	2.62	0.91

2. 卡方检验：有效全答民族学校与非民族学校等量学生数据。

民族学校与非民族学校对比数据（民族学校4311份，非民族学校4311份，共8622份）的卡方检验结果由表2-1-41~表2-1-42和图2-1-13~图2-1-15呈现，其编号分别依次对应问卷的第38、39、40题。

表 2-1-41 / 民族学校与非民族学校有效全答等量学生（N=8622）第 38 题数据对比交叉表（"我目前学习的总体状况是"）

		非常好	比较好	一般	不大好	很不好	合计
民族学校	计数/份	385	1525	1847	418	136	4311
	比例/%	8.9	35.4	42.8	9.7	3.2	100.0
非民族学校	计数/份	476	1449	1829	416	141	4311
	比例/%	11.0	33.6	42.4	9.6	3.3	100.0
合计	计数/份	861	2974	3676	834	277	8622
	比例/%	10.0	34.5	42.6	9.7	3.2	100.0

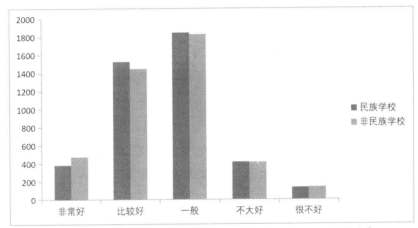

图 2-1-13 第 38 题等量数据民族学校（n=4311）与非民族学校（n=4311）对比（χ^2=11.74, df=4, p=0.019; η^2=0.000）

有效全答民族学校与非民族学校等量学生第 39 题数据的卡方检验结果（图 2-1-14）表明，民族学校与非民族学校有效全答学生就第 39 题"有的学生学习成绩不是很好，最主要原因是"的应答分布存在显著差异〔χ^2 (4, N=8622)=15.48, p=0.004〕。换言之，民族因素与"有的学生学习成绩不是很好，最主要原因是"之间互有联系。不过，Lambda 值为 0.000，即没有相关效应。

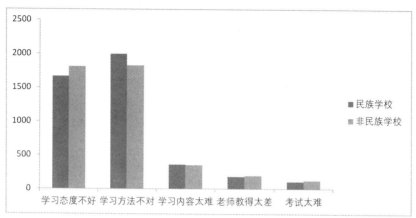

图 2-1-14 第 39 题等量数据民族学校（n=4311）与非民族学校（n=4311）对比（χ^2=15.48, df=4; p=0.004, λ=0.000）

有效全答民族学校与非民族学校等量学生第 40 题数据的卡方检验结果（表 2-1-42 和图 2-1-15）表明，民族学校与非民族学校有效全答学生就第 40 题"有的民族地区中小学生中途退学、外出打工，我认为，他们放弃学业的最主要原因是"的应答分布存在显著差异〔χ^2 (4, N=8622)=38.11, p<0.001〕。换言之，民族因素与"有的民族地区中小学生中途退学、外出打工，我认为，他们放弃学业的最主要原因是"之间互有联系。不过，Lambda 值为 0.000，即没有相关效应。

表 2-1-42 / 民族学校与非民族学校有效全答等量学生（N=8622）第 40 题数据对比交叉表
（"有的民族地区中小学生中途退学、外出打工，我认为，他们放弃学业的最主要原因是"）

		他们的学习能力不足	他们的学习态度不好	学校的课程对他们没用	家里太穷，需要他们劳动	跟着朋友们一起去城里	合计
民族学校	计数/份	497	1583	328	1708	195	4311
	比例/%	11.5	36.7	7.6	39.6	4.5	100.0
非民族学校	计数/份	430	1382	372	1950	177	4311
	比例/%	10.0	32.1	8.6	45.2	4.1	100.0
合计	计数/份	927	2965	700	3658	372	8622
	比例/%	10.8	34.4	8.1	42.4	4.3	100.0

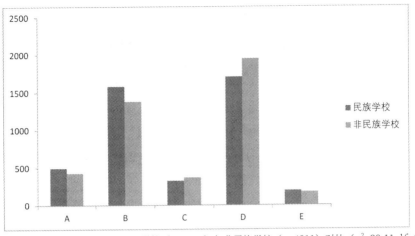

图 2-1-15 第 40 题等量数据民族学校（n=4311）与非民族学校（n=4311）对比（χ^2=38.11, df=4; p<0.001; λ=0.000）

3. 单因素方差分析（ANOVA）：有效全答民族学校与非民族学校等量学生数据。

经对第 38 题选项赋值（1=A. 非常好；2=B. 比较好；3=C. 一般；4=D. 不大好；5=E. 很不好），进而对有效全答民族学校与非民族学校等量学生数据（民族学校学生 4311 人，非民族学校学生 4311 人，共 8622 人）计算其平均值并进行单因素方差分析，结果见表 2-1-43。

表 2-1-43 / 有效全答民族学校与非民族学校等量学生第 38 题均值比较

第 38 题	
民族学校均值	2.63
非民族学校均值	2.60
均值差	0.02
F 值	1.35
p 值	0.245

N=8622，民族学校 n=4311，非民族学校 n=4311；*p<0.05

单因素方差分析（ANOVA）结果表明，有效全答民族学校与非民族学校等量学生第 38 题数据的均值在 α=0.05 水平上没有发现差异〔F(1, 8622)= 1.35，p=0.245〕。换言之，学校因素（按民族学校与非民族学校分类）与该题所关注的因素之间没有相关。

第六部分 有效全答八省区等量学生数描述性统计结果报告分析

本调查有效全答学生共有 9212 人，分别在西藏、新疆、青海、广西、贵州、宁夏、云南、内蒙古八个省或自治区进行，最终取得有效全答卷分别为 1128 份、997 份、1135 份、1145 份、1223 份、1421 份、1011 份和 1152 份。为分析比较各省或自治区有效全答学生对本民族文化认知情况，本报告基于新疆学生 997 人计数，即以上八个省或自治区中的最小计数，利用 SPSS 从其他七个有效全答省或自治区学生中各随机抽样 997 人，以获得以上八省或自治区各 997 人（各占12.5%）的等量数据（以下简称"有效全答八省或自治区等量学生数据"）进行统计分析。

1. 有效全答八省或自治区等量学生数据描述（表 2-1-44、表 2-1-45）

表 2-1-44 / 有效全答八省或自治区等量学生（N=7976）频数统计表

		A	B	C	D	E	合计
第 38 题	计数 / 份	828	2763	3371	757	257	7976
	比例 /%	10.4	34.6	42.3	9.5	3.2	100.0
第 39 题	计数 / 份	3225	3521	641	357	232	7976
	比例 /%	40.4	44.1	8.0	4.5	2.9	100.0
第 40 题	计数 / 份	820	2688	646	3477	345	7976
	比例 /%	10.3	33.7	8.1	43.6	4.3	100.0

表 2-1-45 / 有效全答八省或自治区等量学生（N=7976）均值统计表

	N	极小值	极大值	均值	标准差
第 38 题	7976	1	5	2.61	0.91

2. 卡方检验：有效全答八省或自治区等量学生数据

有效全答八省或自治区等量数据（每个省或自治区各 997 份，共 7976 份）的卡方检验结果由表 2-1-46~表 2-1-48 和图 2-1-16~图 2-1-18 呈现，其编号分别依次对应问卷的第 38、39、40 题。

有效全答八省或自治区等量学生第 38 题数据的卡方检验结果（表 2-1-46 和图 2-1-16）表明，有效全答八省或自治区学生就第 38 题"我目前学习的总体状况是"的应答分布存在显著差异〔χ^2 (28, N=7976)=668.39, df=28, p<0.001〕。换言之，地区因素与本题所关注的因素之间互有联系，eta 方值为 0.060，即其相关效应呈中等水平。

表 2-1-46 / 有效全答八省或自治区等量学生（N=7976）第 38 题数据对比交叉表（"我目前学习的总体状况是"）

		非常好	比较好	一般	不大好	很不好	合计
内蒙古	计数/份	143	388	388	60	18	997
	比例/%	14.3	38.9	38.9	6.0	1.8	100.0
广西	计数/份	81	367	417	104	28	997
	比例/%	8.1	36.8	41.8	10.4	2.8	100.0
贵州	计数/份	42	233	534	152	36	997
	比例/%	4.2	23.4	53.6	15.2	3.6	100.0
云南	计数/份	54	227	539	140	37	997
	比例/%	5.4	22.8	54.1	14.0	3.7	100.0
西藏	计数/份	87	385	382	95	48	997
	比例/%	8.7	38.6	38.3	9.5	4.8	100.0
青海	计数/份	67	356	449	95	30	997
	比例/%	6.7	35.7	45.0	9.5	3.0	100.0
宁夏	计数/份	104	390	399	68	36	997
	比例/%	10.4	39.1	40.0	6.8	3.6	100.0
新疆	计数/份	250	417	263	43	24	997
	比例/%	25.1	41.8	26.4	4.3	2.4	100.0
合计	计数/份	828	2763	3371	757	257	7976
	比例/%	10.4	34.6	42.3	9.5	3.2	100.0

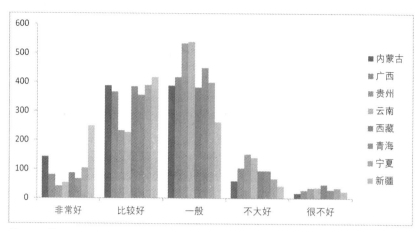

图2-1-16 第38题有效全答八省或自治区等量数据（N=7976）对比（χ^2=668.39, df=28, p<0.001; η^2=0.060）

有效全答八省或自治区等量学生第39题数据的卡方检验结果（表2-1-47和图2-1-17）表明，有效全答八省或自治区学生就第39题"有的学生学习成绩不是很好，最主要原因是"的应答分布存在显著差异〔χ^2(28, N=7976)=209.57, df=28, p<0.001〕。换言之，地区因素与本题所关注的因素之间互有联系，不过，Lambda值为0.029，即相关效应极其微弱。

表2-1-47 / 有效全答八省或自治区等量学生（N=7976）第39题数据对比交叉表（"有的学生学习成绩不是很好，最主要原因是"）

		学习态度不好	学习方法不对	学习内容太难	老师教得太差	考试太难	合计
内蒙古	计数/份	458	374	82	44	39	997
	比例/%	45.9	37.5	8.2	4.4	3.9	100.0
广西	计数/份	385	388	123	65	36	997
	比例/%	38.6	38.9	12.3	6.5	3.6	100.0
贵州	计数/份	434	448	54	39	22	997
	比例/%	43.5	44.9	5.4	3.9	2.2	100.0
云南	计数/份	459	415	70	29	24	997
	比例/%	46.0	41.6	7.0	2.9	2.4	100.0
西藏	计数/份	282	502	109	52	52	997
	比例/%	28.3	50.4	10.9	5.2	5.2	100.0
青海	计数/份	365	469	89	48	26	997
	比例/%	36.6	47.0	8.9	4.8	2.6	100.0

续表

		学习态度不好	学习方法不对	学习内容太难	老师教得太差	考试太难	合计
宁夏	计数/份	437	453	61	30	16	997
	比例/%	43.8	45.4	6.1	3.0	1.6	100.0
新疆	计数/份	405	472	53	50	17	997
	比例/%	40.6	47.3	5.3	5.0	1.7	100.0
合计	计数/份	3225	3521	641	357	232	7976
	比例/%	40.4	44.1	8.0	4.5	2.9	100.0

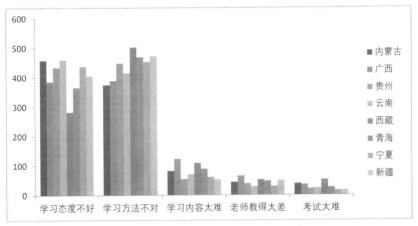

图 2-1-17 第39题有效全答八省或自治区等量数据（N=7976）对比（χ^2=209.57, df=28, p<0.001; λ=0.029）

省或自治区等量学生第 40 题数据的卡方检验结果（表 2-1-48 和图 2-1-18）表明，有效全答八省或自治区学生就第 40 题"有的学生学习成绩不是很好，最主要原因是"的应答分布存在显著差异〔χ^2 (28, N=7976)=585.21, df=28, p<0.001〕。换言之，地区因素与本题所关注的因素之间互有联系，不过，Lambda 值为 0.070，即相关效应极其微弱。

表 2-1-48 / 有效全答八省或自治区等量学生（N=7976）第 40 题数据对比交叉表
（"有的民族地区中小学生中途退学、外出打工，我认为，他们放弃学业的最主要原因是"）

		他们的学习能力不足	他们的学习态度不好	学校的课程对他们没用	家里太穷，需要他们劳动	跟着朋友们一起去城里	合计
内蒙古	计数/份	90	242	87	557	21	997
	比例/%	9.0	24.3	8.7	55.9	2.1	100.0
广西	计数/份	72	342	108	436	39	997
	比例/%	7.2	34.3	10.8	43.7	3.9	100.0

续表

		他们的学习能力不足	他们的学习态度不好	学校的课程对他们没用	家里太穷，需要他们劳动	跟着朋友们一起去城里	合计
贵州	计数/份	75	436	63	347	76	997
	比例/%	7.5	43.7	6.3	34.8	7.6	100.0
云南	计数/份	98	375	78	408	38	997
	比例/%	9.8	37.6	7.8	40.9	3.8	100.0
西藏	计数/份	128	239	126	459	45	997
	比例/%	12.8	24.0	12.6	46.0	4.5	100.0
青海	计数/份	100	351	100	413	33	997
	比例/%	10.0	35.2	10.0	41.4	3.3	100.0
宁夏	计数/份	166	478	42	250	61	997
	比例/%	16.6	47.9	4.2	25.1	6.1	100.0
新疆	计数/份	91	225	42	607	32	997
	比例/%	9.1	22.6	4.2	60.9	3.2	100.0
合计	计数/份	820	2688	646	3477	345	7976
	比例/%	10.3	33.7	8.1	43.6	4.3	100.0

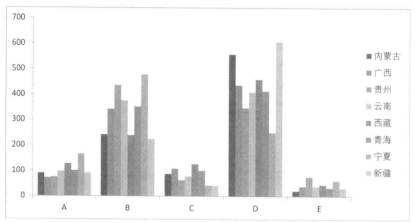

图 2-1-18 第 40 题有效全答八省或自治区等量数据（$N=7976$）对比（$\chi^2=585.21$, $df=28$, $p<0.001$; $\lambda=0.070$）

3. 单因素方差分析（ANOVA）：有效全答八省区等量学生数据。

本报告对第 38 题选项赋值（1=A. 非常好；2=B. 比较好；3=C. 一般；4=D. 不大好；5=E. 很不好），进而对有效全答八省或自治区等量数据（每个省或自治区各 997 份，共 7976 份）计算其平均值并进行单因素方差分析，结果见表 2-1-49。

表 2-1-49 / 有效全答八省或自治区等量学生（N=7976；各省区 n=997）第 38 题数据均值比较

第38题		
	内蒙古	2.42
	广西	2.63
	贵州	2.91
	云南	2.88
	西藏	2.63
	青海	2.66
	宁夏	2.54
	新疆	2.17
	均值极差	0.74

进而对地区等量数据（各省或自治区 997 份，共 7976 份）方差齐次检验后多重分析两两之间的差异，见表 2-1-50。

表 2-1-50 / 有效全答八省或自治区等量学生（N=7976；各省或自治区 n=997）方差分析及其后续 Tamhane 多重分析结果

	F 值	P 值	存在显著差异的组别
第 38 题	72.39	0.000*	内蒙古 / 广西，内蒙古 / 云南，内蒙古 / 贵州，内蒙古 / 西藏，内蒙古 / 青海，内蒙古 / 新疆，广西 / 贵州，广西 / 云南，广西 / 新疆，贵州 / 西藏，贵州 / 青海，贵州 / 宁夏，贵州 / 新疆，云南 / 西藏，云南 / 青海，云南 / 宁夏，云南 / 新疆，西藏 / 新疆，青海 / 宁夏，青海 / 新疆，新疆 / 宁夏

N=7976；组间 df=7，组内 df=7968；*p<0.05

单因素方差分析（ANOVA）结果表明第 38 题〔$F(7, 7968)$ =72.39, p <0.001〕有效全答八省或自治区数据的均值之间存在显著差异。根据方差齐性检验之后进一步的 Tamhane 后续多重分析，两两差异主要存在于内蒙古分别与广西、云南、贵州、西藏、青海、新疆之间的差异；广西分别与贵州、云南、新疆之间的差异；贵州分别与西藏、青海、宁夏、新疆之间的差异；云南分别与西藏、青海、宁夏、新疆之间的差异；西藏与新疆之间的差异；青海分别与宁夏、新疆之间的差异；宁夏与新疆之间的差异。

结合选项赋值（1=A. 非常好；2=B. 比较好；3=C. 一般；4=D. 不大好；5=E. 很不好）可发现，就第 38 题"我目前学习的总体状况是"而言，有效全答内蒙古学生的学习状态显著强于广西、云南、贵州、西藏、青海，弱于新疆；广西学生的学习状态显著强于贵州、云南，弱于新疆；贵州学生的学习状态显著弱于西藏、青海、宁夏、新疆；云南学生的学习状态显著弱于西藏、青海、宁夏、新疆；西藏学生的学习状态显著弱于新疆；青海学生的学习状态显著弱于宁夏、新疆；宁夏学生的学习状态显著弱于新疆；且其差距都达到显著意义〔内蒙古（均值=2.42）、广西（均值=2.63）、贵州（均值=2.91）、云南（均值=2.88）、西藏（均值=2.63）、青海（均值=2.66）、宁夏（均值=2.54）、新疆（均值=2.17）〕。

总体观察分析：

（1）此项调查提交有效全答卷的全部受访民族地区学生中，对自己的学业认为非常好与比较好的占比44.8%，一般的占比42.2%，不大好与很不好的占比只有12.8%。从此次受访学生对学业的自我认定看，新疆学生学业最好，其次是内蒙古、宁夏、西藏、广西、青海、云南，最后是贵州，同时贵州也是学业不好学生最多的受访地区。

卡方检验表明：汉族与少数民族学生之间，民族是学业自我认定存在显著差异的重要因素，eta方值显示相关效应极其微弱；有效全答过百少数民族之间，民族因素存在显著差异，eta方值亦显示相关效应强；Tamhane后续多重分析，少数民族学生之间学业自我认定存在较为显著的差异；小学、初中、高中、大学不同学段之间学业自我认定存在显著差异，eta方值显示相关效应弱；民族学校与非民族学校受访学生之间，学业自我认定存在显著差异，eta方值显示相关效应极其微弱；八省或自治区等量分析，学生学业自我认定与地区因素存在显著联系，eta方值显示相关效应呈中等水平；Tamhane后续多重分析，两两差异主要存在于内蒙古分别与广西、云南、贵州、西藏、青海、新疆之间的差异；广西分别与贵州、云南、新疆之间的差异；贵州分别与西藏、青海、宁夏、新疆之间的差异；云南分别与西藏、青海、宁夏、新疆之间的差异；西藏与新疆之间的差异；青海分别与宁夏、新疆之间的差异；宁夏与新疆之间的差异，而且内蒙古学生的学习状态显著强于广西、云南、贵州、西藏、青海，弱于新疆；广西学生的学习状态显著强于贵州、云南，弱于新疆；贵州学生的学习状态显著弱于西藏、青海、宁夏、新疆；云南学生的学习状态显著弱于西藏、青海、宁夏、新疆；西藏学生的学习状态显著弱于新疆；青海学生的学习状态显著弱于宁夏、新疆；宁夏学生的学习状态显著弱于新疆；且其差距都达到显著意义〔内蒙古（均值 =2.42）、广西（均值 =2.63）、贵州（均值 =2.91）、云南（均值 =2.88）、西藏（均值 =2.63）、青海（均值 =2.66）、宁夏（均值 =2.54）、新疆（均值 =2.17）〕。

由此可知，从受访学生自我评价判断，新疆受访学生学业较好，随后是内蒙古、宁夏、西藏与广西、青海，而贵州、云南学生学业情况较差。

（2）此项调查提交有效全答卷的全部受访学生中，84.5% 的学生将民族地区学生学习成绩不好归为内因（学习态度与学习方法），归为外因（学习内容、教师、考试）的仅 15.7%。各省或自治区基本一致。

卡方检验发现表明：汉族与少数民族学生之间，民族因素和学业归因没有相关性；有效全答过百少数民族之间，民族因素导致结果存在显著差异，Lambda 值显示相关性极其微弱；不同学段之间受访学生对学业归因存在显著差异，Lambda 值显示相关性极其微弱；民族学校与非民族学校受访学生之间，学业归因分析存在显著差异，eta 方值显示相关效应极其微弱；八省或自治区等量分析，学生学业归因与地区因素存在显著联系，Lambda 值显示相关性极其微弱。

由此可知，地区、民族、学段、学校对民族地区学生学习困难归因没有显著影响，受访民族地区学生显示其学业困难原因主要为内因（学习态度与学习能力）。

（3）此项调查提交有效全答卷的全部受访学生中，民族地区中小学生中途辍学打工的原因归因，第一是家庭贫困（42.4%），第二是学习态度不好（34.3%），其他是学习能力不足（10.7%）、学校的课程没用（8.2%）、朋友因素（4.3%）。但宁夏（65.2%）和贵州（51.9%）受访学生认为这种情况主要是学习态度与学习能力这些内因所致。

卡方检验表明：汉族与少数民族学生之间，民族因素和辍学原因认定没有相关性；有效全答过百少数民族之间，民族因素存在显著差异，Lambda 值显示相关性极其微弱；不同学段之间受访学生对学业归因存在显著差异，Lambda 值显示相关性极其微弱；民族学校与非民族学校受访学生之间，辍学归因存在显著差异，eta 方值显示相关效应极其微弱；八省或自治区等量分析，学生辍学归因与地区因素存在显著联系，Lambda 值显示相关性极其微弱。

由此可知，学生辍学打工的原因与地区、民族、学段、学校没有显著关系，因贫辍学依然是主要原因，学习态度也是重要原因。

二、民族地区外语教育问卷调查分析

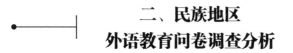

笔者于 2017 年和 2018 年先后到项目计划中的少数民族省区运用复合路径与非对称模式开展课堂教学，并在课堂教学之后，对学生进行了直接调查。首先，笔者基于之前的发现对调查方式进行了比较。笔者让一个班级的一半学生在笔者眼前填写表 2-1-51 的问卷，让同一班级的另一半学生听笔者提问回答同样问题，然后与两组学生中各 2 名代表讨论问卷回答的准确性。笔者发现，后者更为准确。跟踪访谈发现，学生在教师面前回答时更为诚实。在不记名的纸笔问卷回答中，不需要为自己的不诚实承担责任，从而可能出现不如实作答的现象。于是，笔者采取了提问的方式进行问卷调查，问题内容、形式一致，学生可在 2 分钟内完成回答。笔者以此方式完成了对 2377 名学生的问卷调查，对象为小学、初中、高中、大学学生。对教师、教研员、校长、教育局局长等，笔者采用了访谈的方式进行调查，将在下一节进行说明。

表 2-1-51 / 课后直接提问调查问卷

1. 请问你是少数民族还是汉族？
2. 你喜欢上英语课、喜欢学英语吗？喜欢还是不喜欢？
3. 你上次英语考试得了多少分？90~100 分，76~89 分，60~75 分，60 分以下？
4. 你认为是什么原因导致你获得这样的分数？你自己努力或者没有努力？老师教得好或者不好？教材适宜或者太难？考试适宜或者太难？学习资源适宜或者太少？
5. 今天我们以民族文化为内容学习英语，你认为这种方法对你有效吗？
6. 今天我们课前发了多种学习目标表供大家上课时自己确定目标、进行课后作业和自我评价。你认为这种方法对你有效吗？

7. 你每周在学校上几节英语课？3 节以下？3~5 节？5 节以上？在校外上英语课吗？上网课吗？

8. 你是为了什么学习英语？因为学校有这门课？因为父母要求你学？因为未来升学与生活需要？因为喜欢英语？还是其他什么原因？

在提问时笔者按符号（如 3A 表示第 3 题 90~100 分）进行记录，随后第一时间进行整理。

表 2-1-52～表 2-1-60 为数据分析。

笔者工作单位在贵州，民族地区外语教育的复合路径与非对称模式实践在贵州的课时数量也超过其他省或自治区，同时时间更为充分，所以贵州调查数据多于其他省或自治区（表 2-1-52）。但根据本节第一部分分析可知，地区因素对于调查结果无显著影响，故而继续采用这一数据。

表 2-1-52 / 直接提问问卷调查对象地区与学段分布比（数据基于记录，而非学生回答，汉语拼音排序）

省或自治区	受访学生总数/人	比例/%	小学/人	比例/%	初中/人	比例/%	高中/人	比例/%	大学/人	比例/%
广西	165	6.9	98	59.4	67	40.6				
贵州	1337	56.2	355	26.6	378	28.2	326	24.4	278	20.8
内蒙古	153	6.4	45	29.4	50	32.7	58	37.9		
宁夏	121	5.1	56	46.3	65	53.7				
青海	106	4.6	49	46.2			57	53.8		
西藏	112	4.7	53	47.3	59	52.7				
新疆	256	10.8	103	40.2	153	59.8				
云南	127	5.3			127	100.0				
合计	2377	100.0	759	31.9	899	37.8	441	18.6	278	11.7

表 2-1-53、表 2-1-54 数据显示，全部受访学生中 59.9% 的学生不喜欢上英语课或学英语，各省或自治区只有新疆、西藏的受访少数民族学生中喜欢上英语课或学英语超过不喜欢的受访学生（新疆 60.4%、西藏 53.9%），其他省或自治区汉族学生与少数民族学生均是不喜欢上英语课或学英语的受访学生超过喜欢者。

表 2-1-53 / 第 1 题 "请问你是少数民族还是汉族？" 数据报告（汉语拼音排序）

省或自治区	受访学生总数/人	汉族受访学生人数/人	比例/%	少数民族受访学生人数/人	比例/%
广西	165	98	59.4	67	40.6
贵州	1337	865	64.7	472	35.3
内蒙古	153	66	43.1	87	56.9
宁夏	121	57	47.1	64	52.9
青海	106	28	26.4	78	73.6
西藏	112	23	20.5	89	79.5
新疆	256	92	35.9	164	64.1
云南	127	45	35.4	82	64.6
合计	2377	1274	53.6	1103	46.4

表 2-1-54 / 第 2 题 "你喜欢上英语课、喜欢学英语吗？喜欢还是不喜欢？" 数据报告

鉴于前述民族、学段因素没有显著影响，此处不再分析民族、学段因素，而只进行统一数据报告。此题部分地区数据具有特性，故而继续报告地区数据。

省或自治区	汉族受访学生喜欢上英语课与学英语人数/人	比例/%	汉族受访学生不喜欢上英语课与学英语人数/人	比例/%	少数民族受访学生喜欢上英语课与学英语人数/人	比例/%	少数民族受访学生不喜欢上英语课与学英语人数/人	比例/%	喜欢英语课、学英语学生人数合计/人	比例/%	不喜欢上英语课、学英语学生人数合计/人	比例/%
广西	34	34.7	64	65.3	22	32.9	45	67.1	56	33.9	109	66.1
贵州	323	37.3	542	62.7	165	35.0	307	65.0	488	36.5	849	63.5
内蒙古	26	39.4	40	60.6	38	43.7	49	56.3	64	41.8	89	58.2
宁夏	23	40.4	34	59.6	24	37.5	40	62.5	47	38.8	74	61.2
青海	12	42.9	16	57.1	35	44.9	43	55.1	47	44.3	59	55.7
西藏	11	47.8	12	52.2	48	53.9	41	46.1	59	52.7	53	47.3
新疆	43	46.7	49	53.3	99	60.4	65	39.6	142	55.5	114	44.5
云南	19	42.2	26	57.8	31	37.8	51	62.2	50	39.4	77	60.6
合计	491	38.5	783	61.5	462	41.9	641	58.1	953	40.1	1424	59.9

表 2-1-55 数据显示，受访民族地区汉族学生英语成绩略好于少数民族学生，但不及格比例都很高（汉族学生 43.0%，少数民族学生 50.9%），少数民族学生超过一半不及格。

表 2-1-55 / 第 3 题 "你上次英语考试得了多少分？90～100 分，76～89 分，60～75 分，60 分以下？" 数据报告

鉴于前述民族、地区、学段因素没有显著影响，此处不再分析这些因素，而只进行统一数据报告。

类别	90~100 分学生人数/人	比例/%	76~89 分学生人数/人	比例/%	60~75 分学生人数/人	比例/%	60 分以下学生人数/人	比例/%	合计/人
汉族学生	32	2.5	219	17.2	475	37.3	548	43.0	1274
少数民族学生	23	2.1	156	14.1	363	32.9	561	50.9	1103
合计	55	2.3	375	15.8	838	35.3	1109	46.7	2377

表 2-1-56 数据显示，受访汉族学生与少数民族学生将学习成效的原因主要归因为自己（61.4% 与 72.1%），其次是教材原因（28.8% 与 19.5%），教师、考试和资源的影响很小。

表 2-1-56 / 第 4 题 "你认为是什么原因导致你获得这样的分数？你自己努力或者没有努力？老师教得好或者不好？教材适宜或者太难？考试适宜或者太难？学习资源适宜或者太少？" 数据报告

类别	自己/人	比例/%	教师/人	比例/%	教材/人	比例/%	考试/人	比例/%	资源/人	比例/%	合计/人
汉族学生	782	61.4	36	2.8	367	28.8	48	3.8	41	3.2	1274
少数民族学生	795	72.1	22	2.0	215	19.5	40	3.6	31	2.8	1103
合计	1577	66.3	58	2.4	582	24.5	88	3.7	72	3.0	2377

表 2-1-57 数据显示，采用民族文化融入英语课堂的方法对于民族地区汉族和少数民族学生学习英语均具有非常显著的成效。

表 2-1-57 / 第 5 题 "今天我们以民族文化为内容学习英语，你认为这种方法对你有效吗？" 数据报告

类别	有/人	比例/%	没有/人	比例/%	合计/人
汉族学生	1146	90.0	128	10.0	1274
少数民族学生	1035	93.9	68	6.1	1103
合计	2181	91.8	196	8.2	2377

表 2-1-58 数据显示，在民族地区英语教学中采用教学目标复合路

径的方法对于民族地区汉族和少数民族学生均具有非常显著的成效。

表 2-1-58 / 第 6 题 "今天我们课前发了多种学习目标表供大家上课时自己确定目标、进行课后作业和自我评价。你认为这种方法对你有效吗？"数据报告

类别	有/人	比例/%	没有/人	比例/%	合计/人
汉族学生	1138	89.3	136	10.7	1274
少数民族学生	1072	97.2	31	2.8	1103
合计	2210	93.0	167	7.0	2377

表 2-1-59-1 数据显示，受访民族地区学生大多每周在学校上 3~5 节英语课（54.9%），约三分之一上 3 节以下英语课（33.4%）。

表 2-1-59-1 / 第 7 题 "你每周在学校上几节英语课？3 节以下？3~5 节？5 节以上？在校外上英语课吗？上网课吗？"数据报告

类别	3 节以下/人	比例/%	3~5 节/人	比例/%	5 节以上/人	比例/%	合计/人
汉族学生	437	34.3	674	52.9	163	12.8	1274
少数民族学生	358	32.5	630	57.1	115	10.4	1103
合计	795	33.4	1304	54.9	278	11.7	2377

表 2-1-59-2 数据显示，受访民族地区学生上课外班与不上课外班的学生比例大致相等（45.6% 与 54.4%）。

表 2-1-59-2 / 课外上课

类别	上课外班/人	比例/%	不上课外班/人	比例/%	合计/人
汉族学生	561	44.0	713	56.0	1274
少数民族学生	523	47.4	580	52.6	1103
合计	1084	45.6	1293	54.4	2377

表 2-1-59-3 数据显示，受访民族地区学生绝大多数不上网课（91.3%）。

表 2-1-59-3 / 上网课

类别	上网课/人	比例/%	不上网课/人	比例/%	合计/人
汉族学生	118	9.3	1156	90.7	1274
少数民族学生	89	8.1	1014	91.9	1103
合计	207	8.7	2170	91.3	2377

表 2-1-60 数据显示，受访民族地区学生学习英语的主要原因是升学与未来需要（80.0%），少数民族学生（83.5%）选择这一原因比例比汉族学生（77.0%）高。第二原因是喜欢英语，但其比例仅仅为 12.6%。其他原因几乎可以忽略不计。

表 2-1-60 / 第 8 题"你是为了什么学习英语？因为学校有这门课？因为父母要求你学？因为未来升学与生活需要？因为喜欢英语？还是其他什么原因？"数据报告

类别	学校课程/人	比例/%	父母要求/人	比例/%	升学与未来需要/人	比例/%	喜欢英语/人	比例/%	其他/人	比例/%	合计/人
汉族学生	76	6.0	12	0.9	981	77.0	184	14.4	21	1.6	1274
少数民族学生	35	3.2	16	1.5	921	83.5	115	10.4	16	1.5	1103
合计	111	4.6	28	1.2	1902	80.0	299	12.6	37	1.6	2377

第二节 访谈调查

民族地区英语课程的实施存在诸多困难。如何解决这些困难，需要进行深度调查以发现困难形态，分析问题原因，方可制定出有的放矢的解决对策。不少学者对此进行了长期大量的问卷调查（见第一章文献分析）。基于姜秋霞等人[①]以及笔者开展问卷调查的发现，问卷调查存在问卷局限、学生回答真实性与准确性有一定偏差、答卷现场管理可能导致答题随意性而加大偏差等问题，以及问题没有真正表达出

---

① 姜秋霞，刘全国，李志强. 西北民族地区外语基础教育现状调查——以甘肃省为例[J]. 外语教学与研究，2006(2)：129-135.

来的可能问卷调查不能追问,故难以发现问题深层原因。为此,笔者选择内蒙古自治区鄂尔多斯市为样本,对该地义务教育体系下的154位教师进行了6天的深度访谈,分析相关困难,并进行了相关问题归因,以期有助于随后的对策研究。

2015年9月6日—8日,12月4日—6日,北京外国语大学有关部门组织笔者等人,对内蒙古自治区鄂尔多斯市义务教育英语课程实施情况进行了访谈式调查,先后访谈了154位英语教师、教研员,发现了以鄂尔多斯市为例的民族地区义务教育英语课程实施的主要问题。以下对此次调查的问题进行基于关键词文本分析方法的分析,以图发现主要问题,从而采取应对措施。

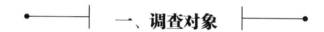

一、调查对象

此项调查分两次完成,涉及鄂尔多斯市所有旗、区。各地访谈教师完全由当地教研员根据教师是否有时间参加而选定,即通过任意抽样选择,具体见表2-2-1。

表2-2-1 / 调查对象区域与人数

旗、区	对象	人数/人
乌审旗	小学英语教师	18
鄂托克前旗	小学英语教师	12
鄂托克旗	小学英语教师	12
杭锦旗	小学英语教师	13
伊金霍洛旗	小学英语教师	12
准格尔旗	初中英语教师	22
达拉特旗	初中英语教师	28
东胜区	小学英语教师	22
东胜区	初中英语教师	15
总计		154

二、访谈形式与分析方法

整个访谈采用开放性访谈形式。开始之前访谈者向参加访谈的老师集体说明访谈内容：请谈谈您在当前英语课程教学中遇到的主要困难，以及您最需要的帮助。

在受访者谈话中，访谈者不提出新的问题，只请受访者解释某些问题、概念，也不插入评论。受访者按自己的座位顺序谈话，偶尔有受访者交叉谈话。访谈过程没有领导在场，受访者不受权力影响，坦诚表达自己面临的课程教学问题。

访谈采用现场记录和录音记录两种形式。此分析基于两种记录而进行，具体分析方法采用关键词文本分析。基于归因目的非常清晰，本分析不进行 SPSS 分析，而直接采用一般数理统计分析方法。

对于受访者提出的民族地区义务教育英语课程实施困难，笔者进行归因分析，尝试分析其复杂现象背后的可能原因，以探讨问题的解决对策。

三、课程层面的困难与归因分析

英语课程的实施首先应在课程层面，民族地区义务教育英语课程实施亦然。分析课程层面的困难，对于民族地区实施义务教育英语课程至为关键。受访者从多个维度提出义务教育英语课程实施的困难，见图 2-2-1。

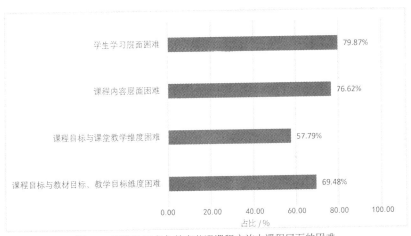

图 2-2-1 民族地区义务教育英语课程实施中课程层面的困难

从以上数据可知，在受访的 154 名教师中，107 人（69.48%）提出课程目标与教材目标、教学目标维度方面的困难，包括：实施《义务教育英语课程标准》的基本理念和课程目标存在显著困难；基于《义务教育英语课程标准》理解教材、把握教材预设目标存在广泛困难；设计符合《义务教育英语课程标准》的教材教学目标普遍存在困难；评价这些目标是否已经达到存在困难，等等。

通过分析访谈记录，并进行访谈追问，笔者发现，出现以上困难的主要原因在于：教材本身应更加清晰地说明教材目标与《义务教育英语课程标准》课程目标的相关性，教材的教学建议和教研部门的教学研究应更直接地说明课堂教学目标与《义务教育英语课程标准》课程目标的相关性，而这两种相关性的培训也应在教材培训和教研培训中有效进行。

从以上数据可知，在受访的 154 名教师中，89 人（57.79%）提出课程目标与课堂教学维度方面的困难，包括：结合具体课堂教学实例理解《义务教育英语课程标准》的理念、标准、教学建议等普遍存在显著困难；把握蒙古族学校、汉族学校实施《义务教育英语课程标准》的相同与不同方式存在深度困难；基于民族学生的优势进行英语教学存在广泛困难；在本地经济发展水平不同的地区，在课堂教学中实施《义务教育英语课程标准》的不同方法存在显著困难，等等。

通过分析访谈记录，并进行访谈追问，笔者发现，出现以上困难的主要原因在于：2012 年（《义务教育英语课程标准》实施之年）之后入职的教师，在职前教育阶段的学习中，没有接受系统的、结合课堂教学实例分析的《义务教育英语课程标准》中有关理念、目标、实施方案的学习；2012 年之前入职的教师，其在职中所受教育中，也没有接受以上内容的培训。他们基本都是通过听专家讲座接受相关培训，而专家解读大多只是概念性解释，而不是课堂教学实例解读。民族地区义务教育英语课程的特殊性，在当地该标准的培训中，有待深度分析，并亟待进行针对性培训。

从以上数据可知，在受访的 154 名教师中，118 人（76.62%）提出课程内容层面的困难，包括：实现《义务教育英语课程标准》的说、演、唱、玩层面的目标存在非常显著的困难，绝大多数学生无法开口，部分地方几乎 100% 的学生无法实现口语目标、语音存在显著错误；在听的层面存在显著困难；在文化理解方面存在显著困难，等等。

通过分析访谈记录，并进行访谈追问，笔者发现，出现以上困难的主要原因在于：很多教师自身的英语口语能力就存在一定困难，致使在教学中长于开展知识教学，而少于开展口语教学；知识学习能促进学生在考试中获得好的分数，而口语学习不能带来分数的显著提升，所以学生也不大重视参加口语活动；听力学习困难与听力学习时间有显著关系；文化理解困难则主要源于教师的跨文化知识储备存在一定不足，有时难以把握教材的文化内涵。

从以上数据可知，在受访的 154 名教师中，123 人（79.87%）提出学生学习层面的困难，包括：很多学生对英语课程没有学习积极性，尤其是到初二之后就已经出现明显的两极分化，导致一部分英语学习非常困难的学生完全放弃英语学习，甚至弃学外出打工；很多学生在词汇学习层面存在非常显著的困难，某地大多数学生存在单词记忆困难，尤其是困难学生；学生普遍存在自主学习困难；学生普遍不能积极、主动地完成课后作业，尤其是听、说、读的作业；教师对不同程度的学生加以有针对性的个性化指导，也存在显著困难；分层教学存在只从分数分层的普遍问题，导致学习效果大多不能达到预设目标。

通过分析访谈记录，并进行访谈追问，笔者发现，出现以上困难的主要原因在于：一部分困难学生放弃英语学习甚至弃学打工，主要是义务教育英语课程目前的课程目标基本都是学术性发展的目标，即以升学为主要目标，导致这一部分不以升学为目标的学生无法达到学习目标，从而失去学习兴趣；词汇学习的主要困难在于词汇学习目标和学习方法；学习自主性的主要问题来自学生自主性不足、学校与家长往往不能真正促进学生自主性发展，而大多比较强调控制性发展；学生不积极主动完成作业，则大多因为作业本身不符合学生的真实兴趣；教师对学生学习的指导和分层教学等存在的困难，则大多是教育理念的操作性问题，不是理念本身的缺失。

以上分析发现，在课程层面存在的困难，有些来自教材与教研部门，有些来自教师自身语言能力与教学实践能力，有些来自社会因素。

四、教学层面的困难与分析

教学是课程实施的基本形态，也是课程实施的主要形态。此项调查发现，在民族地区义务教育英语课程实施中存在诸多教学层面的困难。

在受访的 154 名教师中，132 人（85.71%）提出与不同课型维度相关的困难，包括按照《义务教育英语课程标准》的理念与方法要求，在开展口语教学、阅读教学、写作教学、语法教学等方面普遍存在困难，等等，见图 2-2-2。

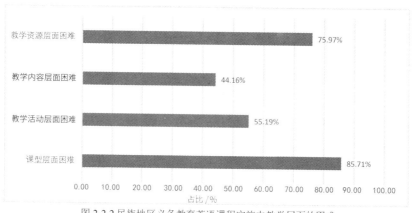

图 2-2-2 民族地区义务教育英语课程实施中教学层面的困难

通过分析访谈记录，并进行访谈追问，笔者发现，出现以上困难的主要原因在于：很多教师认为自己在大学所学的英语教学方法与义务教育英语课程实施所要求的方法有一定距离；很多教师过于强调不同课型、不同教学内容采用不同方法，但对于不同语言技能、不同语言知识的整合式教学方法和将相关教学内容融合到同一学习内容的教学方法，则把握不够准确。

在受访的 154 名教师中，85 人（55.19%）提出与开展教学活动维度相关的困难，包括：课堂上的小组活动、讨论活动、合作学习等都存在普遍困难；大班教学更是存在广泛困难，尤其是大班的口语教学和写作教学等；语音教学也普遍存在深度困难，等等。

通过分析访谈记录，并进行访谈追问，笔者发现，出现以上困难的主要原因在于：大多数教师对于小组学习、合作学习、讨论活动等缺乏亲身感受，也没有系统学习过如何开展这些教学对话，导致经验不足；对于大班教学来说英语教学是一大挑战，不仅是在民族地区，即使在其他非民族地区，这一困难也都难以从教学视角彻底解决；至于语音教学方面的困难，则主要源于教师自身的语音困难。

在受访的154名教师中，68人（44.16%）提出与教学内容维度相关的困难，包括：对于歌曲、歌谣教学，如何把握《义务教育英语课程标准》的要求，使教学与知识教学、学生成绩提升等有机结合，也存在困难。如何根据教材开展基于图片的综合教学，也存在显著困难，等等。

通过分析访谈记录，并进行访谈追问，笔者发现，出现以上困难的主要原因在于：长期的应试教育传统导致大多数教师都是在应试教育传统下学习英语的，因此对于非考试内容的教学，存在诸多目标理解、活动设计、过程把握方面的困难。

在受访的154名教师中，117人（75.97%）提出与教学资源维度相关的困难，包括：阅读材料普遍缺乏，很多学生没有任何课外英语读物，很多学校图书室几乎没有英语读物；听力材料非常缺乏，除了教材之外，普遍没有适合学生英语水平的听力材料；学校目前使用的《导学案》之类的资源，质量没有保证，等等。

通过分析访谈记录，并进行访谈追问，笔者发现，出现以上困难的主要原因在于：民族地区义务教育英语课程所缺的资源虽然在市场上随处可见，但民族地区学校由于经费原因无法购买教学资源；至于本地资源的质量，则涉及非课程因素。

以上分析发现，在教学层面存在的困难，大多源于教师自身因素，部分来自社会。有些能够解决，有些难以解决。

五、专业发展层面的困难

百年大计，教育为本。教育大计，教师为本。教师是课程实施的基石，也是课程实施的关键因素。此项调查发现，在民族地区义务教育英语课程实施中存在诸多教师专业发展层面的困难，见图2-2-3。

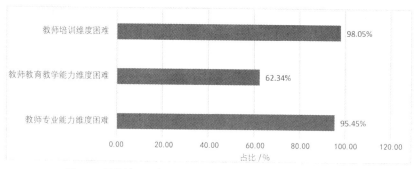

图 2-2-3 民族地区义务教育英语课程实施中教师专业发展层面的困难

在受访的 154 名教师中，147 人（95.45%）提出与教师专业能力维度相关的困难，包括：大多数教师认为自己存在口语能力的困难；部分教师认为自己存在综合性英语语言能力的困难；很多教师认为自己存在文化知识不足、真实语境把握不足的困难；对民族学生英语学习优势缺乏了解，等等。

通过分析访谈记录，并进行访谈追问，笔者发现，出现以上困难的主要原因在于：教师自身英语能力的不足，尤其是口语能力的不足。这主要源于教师自身的英语学习经历，需要他们付出一定的自我努力方可解决；而文化知识、真实语境层面的能力提升，对民族学生英语学习优势的了解，则可以通过专项的集中培训实现。

在受访的 154 名教师中，96 人（62.34%）提出与教师教育教学能力维度相关的困难，包括：绝大多数教师的教学分析与课堂层面难以一致；很多教师认为自己缺乏对教材的准确性与深度的理解能力；很多教师也提到自身教学管理能力存在困难，等等。

通过分析访谈记录，并进行访谈追问，笔者发现，出现以上困难的主要原因在于：教师在大学时学习了普遍开设的英语教学论，但大学普遍没有开设英语课程论，这导致教师在课程理论和知识方面都存在不足，而英语教学论较为强调教学方法，较少强调教学管理。

在受访的 154 名教师中，151 人（98.05%）提出与教师培训维度相关的困难，包括：已有培训都是由国内专家进行的，而没有来自英语国家的专家进行教师培训，导致教师的英语语言学习、理解等基本都是通过国内专家进行的；同时，培训专家大多来自北京等地，其课堂案例与本地教学如何结合存在显著困难；如何将专家说讲实施于本校教学，并在出现问题时与专家沟通，等等。

通过分析访谈记录，并进行访谈追问，笔者发现，出现以上困难的主要原因在于：我国英语教师，尤其是民族地区的英语教师，没有到英语国家学习的经历，也较少接受英语国家专家的培训，导致他们对英语语言运用缺少自己的第一手经历和经验。显然，加强来自英语国家专家的直接培训，有助于民族地区英语教师直接体验英语运用，从而提升自身英语运用能力和英语教学能力；同时，培训需要结合本地课例，形成本地实践，并实现短期集中培训与长期在线培训的有机结合。

以上分析发现，在教师专业发展层面存在的困难，有些来自教师自身，有些来自大学教育，有些来自培训设计。

此项调查发现，以鄂尔多斯市为案例的民族地区义务教育英语课程的实施，存在课程、教学、教师专业发展三大层面的困难。这些困难有些来自社会，有些来自教师自身，有些来自大学；有些可以通过短时间培训解决，有些需要长期专业发展解决，有些需要从课程政策层面解决，有些则可能短期之内难以解决。

基于以上分析，制定相应的民族地区英语课程实施的政策，可全面促进民族地区英语课程的全面实施，从而促进民族教师事业的发展，实现"不让一个民族掉队"的目标。

第三节 课堂调查

调查发现解决民族地区外语教育的根本问题，不能仅仅依靠问卷和访谈，更需要真正深入课堂，了解民族地区外语教育课堂的真实环境，调查分析教师与学生的课堂行为。为此，笔者选取自己2017—2019年先后以课堂观察形式对民族地区外语教育的 281 节课堂中教师与学生的行为调查，抽取小学、初中、高中、大学各一节英语课为案例，进行课堂观察分析，同时补充一节初中物理课，作为参照。鉴于分析中问题较多，故而略去准确时间、学校、教师、学生等信息，而只保留教学过程描述与观察后访谈记录，以分析民族地区外语教育现状，尤其是把其中存在的问题，作为探寻对策的基础。

课堂调查案例 1：小学三年级

学生：蒙古族学生为主，其他为汉族学生
教学内容：What's the weather like?

环节	师生课堂活动	观察分析
导入 9:10— 9:14	教师让学生演唱字母歌，学生集体演唱。 教师再让学生集体按照字母表顺序读出每一字母，最后去掉一些字母，留下字母组成 weather，导入 weather，然后引导学生朗读本节单元标题：What's the weather like?	教师用了较长时间（3′50″）完成字母歌到 weather 的导入。学生对于字母歌非常熟悉，大多数人认真演唱，约五分之一学生演唱时漫不经心，观察者身边有学生互做夸张表情。课后询问为什么做出夸张表情，学生说因为字母歌唱过几十遍了，太过无聊，想逗乐一下。这说明字母歌作为导入低于学生最近发展区。 对于留下字母导入 weather，观察者课后对教师进行了访谈，询问其设计意图。教师表示是最近从一个外教那里学来的方法，想试一试。对于为什么不直接使用"今天的天气如何"这种更加真实的生活情境导入（当天突然下雨了，教室一角还放着学生的雨伞），教师表示其实也想到了，但是课件已经做好，来不及改课件

续表

环节	师生课堂活动	观察分析
学习 9:15— 9:22	教师用自选图片对本课时学习目标天气词 sunny, raining, cloudy, windy, snowing 逐个导入、训练，每一词一张图片，内容较为卡通，天气形象鲜明。教师带学生朗读每个单词多遍，之后让学生小组、个人分别朗读，然后遮住猜天气图的一部分，让学生说出单词。教师不时用发小猫粘贴图的方式奖励学生，时而奖励第一个读的学生，时而奖励其他学生	学生能够通过卡通图片理解天气，但观察者课后询问身边两名学生 sunny, raining 卡通图片内容，两名学生已经不记得了，也不记得单词。观察者描述图片内容（"图片上有个小男孩在走路是哪个单词？"），两名学生均不记得是 windy。 课后，观察者问教师"让学生先看课文动画、理解语用语境，再学习训练"是否更好？教师说从来就是先教单词，再学句子，最后学课文。观察者询问教师"为什么采用小猫粘贴图作为奖励？为什么没有选择天气图？"教师说自己没有天气粘贴图，只有小猫粘贴图，而且还是自费购买的，且以前的学生一直很喜欢，就继续使用了
学习与展示 9:23— 9:31	教师通过复习天气词而导入 What's the weather like? 语句，带学生朗读多遍。然后请一位学生和自己演示问答：What's the weather like? It's sunny/ raining/ cloudy/ windy/ snowing. 随后，让学生两人一组进行问答训练。最后请一组学生（两人）展示看图对话	这里的跟读没有任何语境，只有之前的天气图片。 观察者发现身边两名学生有气无力地开展对话训练。课后观察者询问原因，两人均表示因为内容很无聊。 观察者课后指着外面的天气用 What's the weather like? 询问两名学生，学生没有听懂。观察者慢速询问两遍，学生先说 It's sunny. 其中一人说："不对，外面在下雨。"两人嘀咕一下，说 It's raining. 此时，学生已表现出兴趣。当观察者说故意把手伸到窗外接住雨滴给学生看并说 Oh, yes, you're right. It's raining. 时，两名学生均很兴奋。这说明学生更愿意接受真实的天气感受

环节	师生课堂活动	观察分析
学习 9:32—9:44	教师导入课文，通过PPT呈现课文图片，播放课文录音，让学生跟读，部分学生已经能流利跟读，大部分学生还存在困难。学生跟读课文两遍之后，教师让学生看图回答课文问题。根据人物情绪，用不同语调语气朗读语句，学生跟读。有的学生模仿起来很兴奋，大声跟读；有的学生在学习导入阶段发现没有学过hungry、angry时动作夸张。但学生存在hungry、angry混淆问题。教师没有引导学生关注课文中对天气报告的顺序：东北（哈尔滨）—北（北京）—东（上海）—南（广州）—西（拉萨）—西北（乌鲁木齐）的空间逻辑线索。教师让学生打开教材，全班分组分角色（一个组扮演一个角色）朗读课文。然后四人一组，一人扮演一个角色朗读课文。全班朗读比较流利，但有明显跟不上的声音。分组朗读时部分学生读不出语句	全班看电子白板上PPT呈现的课文，后面的学生看得不够清晰。观察者坐在最后一排，明显看不清PPT上教材截图上的文字。教材截图采用的照片格式，底色偏深，文字偏少。课后，观察者问教师为什么不让学生直接翻开自己的教材来看。教师表示要保证学生跟着教师的进度看到每一个语句。观察者问教师如何判断，教师说没办法，只能尽自己的所能。观察者询问是否可以让学生用App朗读课文，这样教师可以检查学生是否朗读了每一个语句。教师表示不会用这种App，而且不允许学生带手机到学校。观察者询问教师hungry, angry这两个词导入阶段没有学习，但好像学生很感兴趣，这里为什么没有选择对此进行教学。教师表示备课时没有准备。课后，观察者问教师为什么在上课24分钟后才让学生打开书本、看课文。教师表示先教学生学习单词、功能句，然后才能学习课文。观察者询问若一开始就翻开书看图，是否能帮助学生更好理解语句。教师说十几年一直是先教单词、再教功能句、最后教课文，而且这也是当地普遍使用的方法，公开课也是这么教的，只是一种图片游戏而已。观察者课后测试身边两名学生对课文图片是否感兴趣，学生表示很喜欢，因为图片细节很多，比如raining那幅图有一只小鸟在躲雨，表情很好笑，于是记住了raining。观察者课后问教师为什么没有按照天气报告的顺序进行说明，教师表示不知道这一顺序，而且这不重要，只要会说天气就行了，顺序从来不考

续表

环节	师生课堂活动	观察分析
实践 9:45—9:48	教师提供5张天气图片，让学生选场景训练，准备展示。这些图片没有任何语境，只是纯粹表示天气。学生情绪明显降低，刚才学习hungry和angry时的声高与表情全部消失	语境和语用的真实性、趣味性明显影响了学生参与的兴趣和积极性。观察者课后询问教师，为什么不采用语境和语言更真实的活动，比如"每人获得国内某地今天真实天气信息卡片，其他同学打电话询问当地天气，以确定天气预报的准确性，为自己根据天气情况出行做准备"。教师表示这种真实语境太复杂，对于这么简单的语句训练没有必要
运用 9:49—9:53	教师让学生开展教材中的记者报道天气情况的活动，根据天气表，介绍某地天气。学生明显有困难，不仅表达不顺，而且没有逻辑性，所以介绍得非常随意	教材中的活动对本班大多数学生而言太难，他们难以独自准确回答出图表中列出的全部5种天气。观察者课后让身边两位学生说出所学5种天气，两人均能在对方不在场、不受对方已说内容干扰的情况下说出3种，一人说出sunny, windy, raining，一人说出sunny, cloudy, snowing
结束 9:53—9:55	教师引导学生总结本节课所学词汇和语句。然后播放关于天气的视频微课，内容来自网络，最后布置作业——朗读对话、抄写单词。没有任何学生抄写作业要求，甚至有学生叹气	观察者问教师为什么最后播放微课，是作为总结复习吗？教师表示是因为内容很好，但上课时找不到播放的时机。观察者询问两名学生是否愿意做这两项作业，他们均表示不喜欢，围观学生也表示不喜欢。观察者询问学生若作业是随后两天用英文记录天气，每天上午、中午、下午各记录一次，或者晚上看电视上的天气预报，记录自己喜欢的至少5个地方的天气，是否喜欢这样的作业。一名学生表示这个更有意思，一名学生表示非常喜欢

总体观察分析：

(1) 这节课教学过程从易到难，符合学习规律。教师使用了图片，帮助学生理解天气词汇，没有使用汉语翻译，起到了支架作用。

(2) 这节课对于全班每一位同学而言，教学目标偏高。一节课学习一组问答句，并全部掌握所学5个天气词，应设置复合目标：允许学生根据自己最近发展区或自己喜欢的天气，会用至少3个天气词描述天气情况，并用问句或者答句进行表达，鼓励学生掌握全部内容，甚至 hungry 和 angry 两个语境词。

（3）用时最多、最重要的语句训练活动应设计多样性的语境和活动形式（比如增加多位学生喜爱的看表情、猜天气的游戏形式，或者非常正式的天气报告形式），让学生可以根据自己喜欢的语境进行学习。

（4）应采用多样性评价手段，而不只是发放小猫粘贴图，即使是采用粘贴图，也应准备多样性图片，让学生根据喜好选择。教师自购粘贴图导致教学成本偏高，而且课堂上出现学生将粘贴图粘到其他地方而不易揭下的现象。教师可以选择能反复使用的图章用于评价，而且可以根据学生喜好进行选择，比如动物图章、花朵图章、人物图章等，形成多元评价手段，真正基于学生喜好，使评价真正能促进学习。

（5）教师有些疲惫，上课情绪一直不高，而这种情绪明显使学生不大积极，除了 hungry 和 angry 出现部分学生比较兴奋的情况之外，整节课大部分学生的表现不具有三年级学生应有的活跃。观察者询问得知是因为教师自己的孩子小，夜间休息不好所致。笔者建议教师在这种情况下多使用电子设备，引导学生学习，尽量避免自己的情绪影响学生，但教师表示新单词、新"功能句"还是必须带读。观察者表示其实电脑带读更好，因为电脑不会出现疲劳导致的语音错误，而人却无法避免这类错误。教师表示以后可以试一试，但仍持怀疑态度。

课堂调查2：初中二年级

学生：回族学生为主，其他为汉族学生
教学内容：Why do you like Australia?

环节	师生课堂活动	观察分析
启动 8:20	教师问候学生，并建议学生问候听课的教授。学生问候教师，并问候听课教授	在学生问候观课教师时，多位学生扭头看到观察者时表现出紧张情绪。或许可以不进行问候，以避免增加学生的学习焦虑

续表

环节	师生课堂活动	观察分析
导入 8:20— 8:24	教师让学生看课件中呈现出的多种水果图片，并补全语句： ___ do you like fruit? ___ it's healthy. 全班学生集体说出完整语句： Why do you like fruit? Because it's healthy. 也有学生说：Because it's delicious. 教师播放动画，内容是小熊吃了太多水果而肚子疼。教师让学生看动画短视频后回答问题：Why has it got a stomachache? 学生看完集体回答：It ate too much fruit. 开始看动画片时，学生的注意力都比较集中，看到小熊吃个不停后，部分学生已经开始说出答案，到结束时，已有一半以上学生说出答案	学生看到水果时不是说出水果名字，而是要补全语句，这一设计出乎学生意料。很多学生看视频时脱口说出水果名字。 Why do you like fruit? Because it's healthy. 是教材内容，学生能集体说出，而且有学生能说出更多的内容。这说明活动低于学生最近发展区。但观察者身边也有一名学生只是跟着大家说了 it's，前后都没有说。课后访谈发现这名学生的确存在学习困难。 观看视频的过程说明视频内容对学生有一定吸引力，但问题难度对于大约一半学生来说稍显容易。引导他们从视频中学到更多而又不影响其他同学继续观看，这既需要培养良好的课堂习惯，又需要设计不同层面的问题与活动
学习 8:25— 8:29	教师引导学生翻开书看课文图，问学生 What are they talking about? 猜测课文内容，全班学生集体说出内容 They're talking about Australia. 教师追问 How do you know?，部分学生集体回答：Because there is a map of Australia./The map of Australia. 个别学生说 Sydney, here 并用手指着课文内容中的 Sydney 这个词。 然后教师提出教材另外5个问题，它们其实是学生课前预习的问题。教师逐一让单个学生回答，被点名回答的5个学生均能准确说出答案。 有学生提出课文中没有的 The Great Barrier Reef is beautiful but in danger，但教师没有回复	绝大部分学生均能找到地图这一依据，但也有学生说看到 Sydney 这个词就能知道文章大意。教师有必要对此回应，而且单元标题就是 Australia，它也可能成为答案依据。 课后，观察者问教师为何没有鼓励学生说出多种依据，这样既有利于学生基于自己能力找到答案，又有利于发展多元思维。教师表示之前没有预设不同答案，只是根据备课选择。对于针对教材所提问题，教师所点学生均能正确回答。观察者课后问教师是否全班均能正确回答，教师说有5个左右的学生可能无法准确回答，但没有时间管他们。 对于有个别学生提到了教材中没有的内容，观察者问教师为何没有回复，教师说这不是教材内容，自己也不知道这个学生说的是什么。这个学生课外上补习班，上课总是故意说一些教材之外的内容，所以不能理他，要不然耽误课程进度，其他同学也听不懂。 观察者提到可以让学生在课前准备一段口语或书面陈述，说说自己从预习中所知道的澳大利亚，分享到班级群，学生相互打分，这样可以确保能检查每个学生的预习情况，确保全班达到预设的预习基本目标。教师表示没试过

续表

环节	师生课堂活动	观察分析
训练 8:30— 8:45	教师播放课文动画，让学生边看视频边跟读课文，找出课文中的 why 语句。学生跟读，对课文中 why 语句画圈。教师没有进一步解释 why 语句，而是呈现 kangaroo 图片，让学生根据课文说出对 kangaroo 的了解，接着呈现 koala 图片，让学生根据课文说出对 koala 的了解。教师让学生小组再读课文，找出课文中两个 why 问句的答案。教师让学生齐声说出课文中的答句，并在相应的 why 问句下板书答句。 老师基于 kangaroo 和 koala 说出 6 个 why 语句，如 Why do you like kangaroos? Why do many people like kangaroos? 等并无真实语用目的也无语境的语句，让学生写下相应语句，而不提供任何答案。之后学生 4 人一组问这些问句，没有要求做出回答。 教师播放两个 why 问句和答句录音，让学生跟读，然后让学生两人一组相互问答，并请两对学生在全班展示。学生均能很好朗读课文中的 why 问句与答句。 然后教师播放课文录音，让学生逐句跟读。学生能非常流利跟读课文，部分学生甚至没有看教材就能读出课文。教师再让学生两人一组练习朗读课文对话。学生很快完成，开始讨论其他事情。 教师请两对学生拿着 kangaroo 和 koala 毛绒玩具表演课文对话。学生均能很好地完成对话表演，没有任何语句和句法错误，但没有一个学生展示手中的毛绒玩具	这两个问题答案非常明显，学生预习时已经开展相应学习，前面已经能够准确回答，此时仍然用 15 分钟进行讨论，显然用时较多。观察课后询问教师原因，教师说它们是教学目标、教学重点，更是中考点，需要深度训练，掌握了也要反复训练，以免遗忘。观察者提问："一次训练 15 分钟与每次训练 5 分钟，连续 3 节课训练，哪种更容易帮助学生记忆？"教师表示没有研究过，集体备课时已经确定这一部分至少学习 15 分钟。 观察者询问教师为什么选择这 6 个问题，而且不提供答案。教师表示这是集体备课选出的问题，大家认为这是中考常用的问题形式，备课时大家没有讨论语境和语用问题。观察者询问分组的目的与成员分工时，教师说是为了开展小组学习，没有考虑分工，只要求相互提问。 观察者课后问曾经拿到 kangaroo 表演对话的学生：Why did you take that kangaroo in your hand? 学生回答：Teacher gave it to me. 观察者接着问：Why didn't you show it to your partner? 学生回答：Teacher didn't ask me to do that. 这说明学生能很好理解并回答 why 问题，但对是否应使用 kangaroo 自己没有任何判断，这样的原因显然无法真正形成对观察者问题的回答。这说明学生掌握了 why 问句与答句的形式，但没有掌握其语用意图

续表

环节	师生课堂活动	观察分析
运用 8:46— 8:54	教师表明自己喜欢熊猫及其原因，之后呈现更多动物图片及其语句结构、动物名词，让学生说自己喜欢的动物，并让学生两人一组用why相互问答。 教师先后请4对共8名学生展示问答，学生提到lion, tiger, butterfly, bird… 原因基本是lovely, cute… 教师展示更多澳大利亚图片：Sydney Opera House, Great Barrie Reef, Kangaroo Island, Australian Food, Australian Animals, 让学生了解，并给出语句支架，让学生两人一组以下列结构进行对话： A: Why do you like Australia? B: Because I like Sydney Opera House. 教师请两组学生展示	观察者听身边两名学生问答，学生很快完成，使用的都是教师之前使用过的lovely与cute。观察者课后问学生：Do you think the lion on the photo is lovely? 学生说No. 观察者追问：But you answered "It's lovely" in the class. 学生说：Teacher said "it's lovely". 观察者课后询问教师为什么让学生操练下面这一组看起来不真实的问答： A: Why do you like Australia? B: Because I like Sydney Opera House. 教师回答是集体备课设计的，让学生了解更多澳大利亚关键词，中考可能涉及。 观察者问为什么用why和because结构进行练习，教师回答这是本节课要求掌握的语法结构
总结 9:01	教师让学生总结本节课词汇和语法，学生全部正确说出。 教师布置下节课的课前学习活动	观察者询问这节课的作业是如何选择的，教师表示是当地下发的配套练习

总体观察分析：

（1）这节课教学过程清晰，学生认真配合课堂教学过程，高质量完成每一项活动，表现出较好的语言能力。这一方面是因为学生已有较好的语言能力基础，另一方面是因为学生对本节课学习内容进行了非常充分的预习。观察者课后询问学生课前预习时间，学生说3天前就开始预习。观察者进而询问是否每节课都这么预习，学生回答有人听课就会提前预习。

（2）这节课学习内容远低于学生最近发展区，甚至基本在学生已有水平之下。这导致本节课学生实际学习成效甚低。教师应根据学生预习情况增加学习难度。

（3）这节课的大多数活动学生都能很快完成，但教师依然按照预设时间推进教学进程，导致多项活动时间偏长，学生几乎没有开展真正的学习活动。此时教师应基于每一学习环节的成效调整预设的教学过程，留出更多时间，鼓励学生开展所学语言的实践活动。

（4）整节课围绕 why 和 because 进行训练。学生已经能较好掌握其结构，但对于符合逻辑的因果关系没有真正掌握。所以这节课若聚焦于因果关系的逻辑性，或许可以更有效地完成本节课的预设目标。观察者与教师讨论此事，教师表示很多因果关系自己也把握不准，不敢放手让学生说。

（5）尽管全班绝大多数同学都能提前高质量完成教师布置的每一项学习活动，但观察者发现至少有 3 名学生依然存在课文朗读、why 和 because 结构对话和澳大利亚关键词的学习困难，教师却没有给予关注。观察者课后询问，教师表示这几个学生基础不好，但也能及格，所以不用担心。

课堂调查 3：高中一年级

学生： 布依族、苗族学生为主，其他为汉族学生
教学内容： 《英语》（外研版高中）必修三 Module 1 Reading

环节	师生课堂活动	观察分析
启动与导入 8:00—8:01	教师问候学生，学生问候教师。教师板书呈现标题 Europe，带学生朗读，并询问学生其汉语语义，学生齐声说出答案	观察者课后询问学生是否知道教师板书的目的，学生说知道，因为预习单词时已经知道这是这个单元的标题。观察者请学生朗读出这个单词，3 名学生均不正确，但均能听出观察者所说的 Europe，并说出其汉语语义，属于能听懂、认得出的单词
呈现 8:02—8:06	教师呈现教材中图片和自选图片，并呈现相应单词 symbol, located, Paris, France, Barcelona, Spain, Athens, Florence, Italy, Eiffel Tower, Pantheon, Uffizi Palace, Sagrada Familia, 带学生逐词朗读，说出汉语语义。教师在 PPT 上呈现描述 4 个城市标志性建筑的短语，让学生翻译成汉语，并与相应城市和建筑匹配： 1. a landmark in Paris 2. an art gallery in Florence, Italy	观察者课后问教师：为什么学生需要识别这些建筑图片和英文名称，而不是只按照课文的要求了解这 4 个城市？教师表示这是在教材培训视频上看到的活动，看到专家评课时说这个活动很好。观察者课后询问学生，这 4 个建筑听说了哪些？学生表示只知道 Eiffel Tower。 观察者在其他时间调查参加过全国骨干班的 5 名优秀英语教师是否了解 Uffizi Palace, Sagrada Familia Church 和 Pantheon，5 名教师均表示完全不知。

环节	师生课堂活动	观察分析
呈现 8:02—8:06	3. a church in Barcelona, Spain 4. a building in Athens, Greece 教师让学生阅读课文，把4段介绍4个城市的短文与建筑图片匹配。 学生只是找出段落中的 Paris, Florence, Spain, Greece 就完成了连线，没有真正阅读课文。 教师让学生说出答案，学生用汉语"右上角，左边第一个"说出全部答案	观察者询问教师，为什么让学生阅读课文后将段落与图片连线，而不是通过找出关键词与图片连线？这样既训练了关键词阅读策略，也节省了时间，更因为这本身就是学生的真实阅读策略。教师表示没有想到这一点
学习 8:07—8:16	教师让学生阅读第一个城市的介绍，阅读后做题： Which of the following is not the element to make Paris famous? A. The Eiffel Tower. B. The Louvre. C. Its restaurants, cafes and theatres. D. The artists and writers living in Paris. 多名学生没开始阅读就已经能说出答案C。教师让学生把每一选项翻译为汉语，问学生是否有不同意见，学生答无。 教师开始用汉语解释 more than 语义，然后让学生翻译语句："我们班学生超过50人。" 教师接着用汉语讲解：symbol of, symbol for, symbolize 和 symbolic，再让学生翻译语句： "埃菲尔铁塔是巴黎的象征。" "天安门是北京的象征。" 接着用汉语讲解 be famous for/as/to，让学生翻译语句： "姚明以打篮球出名。" "姚明作为篮球运动员出名。" "我们大家都知道姚明。" 教师让全班学生翻译，大约5名学生一起用英语说出语句，出现停顿时教师补充，大部分学生只是听他们说。有极少学生做笔记	观察者课后询问教师这几个选项的来源以及答案的确定性时，教师说自己也不知道，只是配套学习材料上有这道题和这几个答案。观察者提出让学生讨论一下究竟哪个是答案，或者是否有准确答案，是否可以更有助于学生思维发展。教师表示没有时间进行这样的讨论，而且这不是考试要求，只要找出答案即可。 当教师用汉语讲解短语并让学生翻译时，一直有两三位学生在努力尝试用英语回答。而且在前一节大学指导教师给同班级学生上课时，大学教师一直在鼓励学生用英语回答，先将近20人用英语回答了问题，其他同学也表示能听懂这些回答。观察者询问教师是否尝试过用学生能听得懂的英语进行讲解，教师表示这样备课太费时间，没必要。 观察者课后询问学生这样学习这些短语是否能记住其语义和用法，以及为什么不做笔记。3名被访学生表示，老师天天都是这么讲，每单元下发一张学习单，学习单包括了所有这些"语言点"和例句及其翻译，所以根本不用听，也不用做笔记。每学期要学一两百个这种"语言点"，考试时只出现一二十个填空，所以根本不用记笔记，而且不用学

环节	师生课堂活动	观察分析
学习 8:17— 8:21	教师告诉学生：现在我们来到了下一城市：Barcelona，然后让学生齐声朗读该段落，但没有一个语句是整齐朗读的，部分学生几乎无法朗读出一个完整语句。朗读后，教师用汉语提出"巴塞罗那在哪个国家"等4个段落知识性问题。学生用汉语回答。 教师让学生完成段落填空（高考新题型），然后让学生说出答案，并逐一用汉语询问是什么词性、为什么填写这个词。 依然是之前的5名学生集体说出答案，但大部分答案错误，并用汉语说出原因。其他同学听他们回答，部分学生根据他们的回答纠正自己的答案	观察者课后询问教师为什么用汉语提问，教师表示这一段有点难，用英语提问，学生可能完全听不懂，不如用汉语简单直接。观察者表示如果使用英文表述，必要时进行翻译，能否更好帮助学生发展阅读理解能力，甚至是阅读应试能力，教师表示没时间。 对于新题型，观察者询问教师是否是自己设计的，教师表示是网上找来的浙江老师设计的题。观察者表示好像学生大部分答案都是错误的，教师说应该是太难了。观察者询问这么难的新题型，是否适合现阶段的学生，还是到高三具有一定能力基础之后再进行训练更好，教师表示，现在月考、期末考都考这一题型，难也得练
拓展 8:22— 8:27	教师告诉学生：剩下两个城市下节课再看。今天这两个城市中，你最想去哪儿？为什么？ 在学生回答之前，教师播放介绍巴黎的英文短片（2分钟）。 全体学生全神贯注地看完视频。之后，有学生说想去巴黎；有学生说要去韩国；有学生说要去阿富汗，可以拿枪；有学生说要去伊拉克；有学生说要去意大利，可以吃面。 教师没有评价，用汉语鼓励学生：好好读书，好好赚钱，然后才有机会去。 教师布置课后作业：写你想去哪个城市，提示：city, location, landmark, feature，下节课之前交	学生对视频兴趣浓厚，虽然视频是巴黎的英文宣传片，语言难度大、画面跳跃，课文中的一些内容没有提及，如凯旋门（Triumphal Arch, Arc de triomphe）等，但一些内容还是会引导学生看边说出Eiffel Tower, restaurant, café之类的词汇。但视频之后没有提问，没有让学生就视频内容表达看法。有的学生一直在用英语说，有的一直在用汉语，学生明显有话想说，但没有表达。观察者课后就此询问教师，是否可以让学生讨论观看视频的收获，教师表示没有时间。 对于想去哪里，学生明显没有就教材内容展开，但教师没有限制。观察者课后询问教师，对韩国、阿富汗、伊拉克是否有必要用英文板书写出国名，以帮助这些学生形成深刻印象，教师表示没时间
拓展 8:28— 8:40	教师给学生下发一份英语学习报纸，让学生完成报纸上的4篇阅读理解，并自己对照答案进行检查。 教师一直批改另一个班的英语作业，因为下一节课就是该班的英语课，上节课的作业需要下发给学生	观察者发现大部分学生没有认真阅读，甚至有几个学生没有做，而是在翻阅教材或者干脆低声聊天。观察者询问身边一名学生为什么不做报纸上的阅读理解练习，该学生表示一句都看不懂

总体观察分析：

（1）教师对这节课的新内容学习部分进行了认真的备课，不仅自己准备了视频内容，还在课前调试时发现教室台式机不能使用而直接换成自己备用的笔记本电脑。教师课堂情绪比较高，一直带着笑容开展教学。

（2）这节课学生最集中注意力的时间是看视频的时间。虽然内容大多偏难，但学生还是能看懂部分内容，尤其是画面部分。之后，学生很想表达，甚至几位整节课都没有参与的学生，也在努力用中文表达。若这一环节给学生充分机会展示，相信他们会更有收获。

（3）这节课介绍的4个建筑中有3个超出我国高中学生学习内容，甚至世界历史、世界地理、艺术等课程也没有讲到雅典的帕特农神庙、佛罗伦萨的乌菲兹美术馆和巴塞罗那的圣加大教堂。对于英语尚未达到初中毕业水平的本班学生而言，知识难度过高。

（4）这节课讲解短语等"语言点"的方法成效不高，大部分学生几乎没有听，也没有记笔记，而是等着下发的"学习单"，同时也知道期末不考这些内容。

（5）学生有自己的阅读策略，如关键词阅读，但教师没有提示使用，也没有进行必要指导，耗费了一些不必要的时间。

（6）教师为了照顾大多数学生而采用了汉语讲解课文，但制约了部分能用英语表达的学生的发展空间，而且从这节课的前一节课可知，如果教师适当调整英语讲解的难度，学生还是能听懂的。

（7）本节课的高考新题型语法填空和最后的阅读活动安排难度偏高，大部分学生无法真正开展训练。而且，最后的阅读内容与本节课的关联性偏弱，之前也没有针对阅读能力的指导。

课堂调查4：大学三年级

学生：汉族学生为主，其他为布依族、苗族、彝族、回族、侗族学生
教学内容：民族地区中小学英语学习活动设计

环节	师生课堂活动	观察分析
准备	教师课前一周下发了本章节学习内容和视频微课，以及所选择的布依族迎客歌《嘛辽勒（都来吧）》，让学生课前学习。	从课堂表现看，学生课前进行了认真学习，对所学内容已经基本了解，但尚不会运用于实践，而且已经掌握了这首布依族歌曲的布依语版本和汉语版本。

续表

环节	师生课堂活动	观察分析
准备	学生按照教师要求学习布依族迎客歌《嘛辽勒（都来吧）》。 学生课前学习教师准备的微课：① 了解英语歌曲教学理论，学习分析教材歌曲内容，了解基于教材的歌曲教学活动设计；② 学习英语歌曲《Scarborough Fair》并反思学习困难（这首歌曲曲调和歌词都有很大难度）	从课堂上的分组展示看，全班学生均达到基准目标，部分学生达到优秀目标。 从课堂讨论看，学生学习《Scarborough Fair》这首英语歌曲有较大困难，几乎没有学生能流利读出歌词，更不用说记住。让学生学唱这首歌是让学生感知英语歌曲教学的可能难度，结果达到预期目标：学生通过学习这首歌了解到，学习英语歌曲时，若同时学习新歌词、新曲调，学习难度就会显著增加
启动 9:00— 9:03	开始上课之时，教师通过PPT课件呈现本节课学习目标，让一名学生朗读教学目标和本课时任务（为万峰林民族学校四年级小学生设计歌曲教学活动），并询问其他学生是否明确。一名学生朗读后，全班回答已明确本节课学习目标	全班学生完全了解本节课学习的目标和任务
接触 9:04— 9:08	学生在教师引导下分析教材内容和教材歌曲，发现歌曲与学生学习难点不一致（教材歌曲聚焦于词汇，而学生难点在语法）；学生在教师引导下通过反思自己课前微课的英语歌曲学习，分析歌曲教学困难。 学生在教师引导下分析学唱英文歌曲困难的成因，尝试使用TICK分析法，探索内因外因，对问题成因进行分析（尤其是solvable, unsolvable causes 分类） 学生得出结论： 新曲调 + 新歌词：难学 新曲调 + 已会歌词：易学 已会曲调 + 新歌词：易学	学生在教师引导下总结归纳课前学习的歌曲教学方法，反思自己的课前学习，促进对教学方法的深度理解。 教师介绍TICK"问题—原因—解决方案"分析法，学生进行了学习。从现场看，学生理解深度不够，可能需要更多相关课前学习与训练，或者课堂训练。 学生虽然能得出结论，但解决方案尚不够明确，因为学生没有储备足够的方案来解决这类问题
分析 9:09— 9:12	学生看万峰林民族学校学生演唱民族歌曲的视频，了解他们民族歌曲的基础。 学生进行小组讨论，最终形成解决问题的方案，形成基于TICK分析法的思维方式和解决问题的能力	学生以小组为单位形成方案，各组方案基本主要来自小组内个别优秀学生，其他学生多是附议其方案。这些优秀学生大多在课外参与了一定的英语教学实践活动，具有一定的经验。这一问题说明课前不仅应提供歌曲教学的学习内容，还应提供有效案例

环节	师生课堂活动	观察分析
训练 9:13— 9:24	学生在教师引导下，运用前一环节所得结论，分组进行讨论，8个小组一致做出决定：用万峰林民族学校学生非常熟悉的"嘛辽勒"曲调，学习本单元语法。 学生基于已确定的小学英语教学内容（let's... let me...），分组编写歌词，并进行演唱与教唱设计。 学生编写歌词的过程，出现一些困难，主要是无法把没有韵律感的语句设计为需要韵律感的歌词。教师到小组进行了一定指导，使问题得到解决	学生主要通过小组讨论做出决定。课后访谈学生认为，这既可以培养学生小组的讨论能力和合作意识，又能培养到工作岗位之后开展集体备课、校本教研的能力。 学生编写歌词的困难说明学生尚不具备歌曲教学所需的基本语言能力，这需要从专业基础英语教学，尤其是语音教学等方面进行统筹。这也说明在专业基础课中渗透英语教学论所需知识能力的整合设计十分必要
实践 9:25— 9:37	学生分组进行组内教唱歌曲实践，设计运用歌曲教本单元语法的新歌词。学生完成歌词与歌曲教学设计。学生在教师引导下，运用课前微课所学方法，设计歌曲教学活动。 两组学生展示所设计歌曲教学活动。 学生对展示进行评价，从解决问题视角进行分析，基于教师建议，提出建设性的批评建议	从自己学唱英语歌曲到设计歌词、再到设计歌曲教学活动，学生能力发展过程清晰。从小组内实践和两组展示看，学生掌握了小学英语歌曲教学的歌词设计、歌曲教学过程设计的能力。 从学生相互评价看，学生运用专业概念评价小学英语教学设计的能力尚存在显著不足。尽管教师提供了歌曲教学过程评价标准，但学生评价时大多仍基于自我感觉，而不是基于标准
总结 9:38— 9:40	学生在教师引导下总结反思，形成反思能力，进一步巩固解决问题的思维方式和能力。 学生被要求课后根据本节课所学，尝试解决教学问题和学习问题	学生反思能力较强。通过课后访谈得知，民族地区高校英语教育专业学生在中小学阶段英语成绩并非很好，基本都存在英语学习困难的问题。正是不断反思、不断探索的学习习惯，才使得他们在高考中取得好的成绩，进入本科院校的英语教育专业

总体观察分析：

（1）本节课学生自始至终积极参与课堂教学，访谈得知因为这节课的教学内容（小学英语歌曲教学设计）是他们以后工作需要具备的基础能力，他们都希望掌握这一能力。

（2）这节课涉及TICK分析法（从问题到原因再到解决方案）及其思维方式和能力的学习和训练，这让学生非常感兴趣。课后调查中受访学生均表示非常受益，可能一辈子用得着这一方法。

（3）学生英语语言能力制约了歌词设计而歌曲教学方法储备量制约了歌曲教学过程设计。这方面尚需进一步改进。这节课亦应在课前给予更多微课指导，或提供更丰富的学习材料。

课堂调查5：初中八年级物理（参照性调查）

说明：为了解民族地区学生学习的真实情况，笔者选择了学生认为难度最大的物理学科进行了一次课堂观察，与民族地区外语教育课堂进行比较，以更好地发现民族地区外语教育课堂的真实现状与可能存在的本质问题。

学生：汉族学生为主，其他为布依族学生

教学内容：压力与压强

环节	师生课堂活动	观察分析
启动 10:10	课前教师在讲台上和周边摆放了很多物品，引起学生很大兴趣，甚至有3位男生结伴走到讲台那里问教师这是做什么用的。教师说：你们猜猜，猜对了待会儿让你们玩儿。学生们七嘴八舌，胡乱猜测，完全没有涉及本节课物理教材内容。 上课铃响，教师告诉学生开始上新课	观察者当时在这3位学生身边，于是问他们为什么猜测是"打怪、整人"的玩具，学生说乱猜的。观察者再问学生是否预习了教材，学生说没有，根本不知道要上什么课，等相应科目的老师走进教室，才去找教材，甚至根本不去找
导入 10:10— 10:14	教师让学生看PPT呈现的图片，猜测图上两人区别（一位穿滑雪板，另一位穿鞋陷入雪中）。学生们认真看图，无人回答。教师点学生回答，并不断鼓励，有时学生说一个高、一个矮，一个穿红衣服、一个穿黄衣服；还有的学生说：那个板的压力比脚的压力小	观察者课后询问学生为什么看不出区别，受访学生说：至今还没见过雪，更不知道老师说的那个滑雪板是什么，也不知道其原理。观察者课后询问教师，为什么选择这个学生完全不知道的内容作为导入活动，教师表示这样是为了引起兴趣
展示 10:15— 10:19	教师让学生说出教师站在讲台上对地面的压力叫什么，一位学生基于之前学过的内容说出是反作用力。教师在黑板上画出示意图：压力与支持力、作用力与反作用力，然后进一步画图，并导入概念：垂直作用在物体表面上的力叫压力。 教师通过在锯条上增加砝码看锯条不断加深弯曲度来展示压力，导入新问题：压力是否总是等于重力？ 然后教师展示更多图片和概念：斜面、外力等。	教师开始讲解和画图时，还有一部分学生没有集中注意力听课，而是在做各自的事情。当教师展示锯条与砝码时，更多学生开始关注。当教师请一个学生到讲台上配合表演时，全班学生都集中注意力观看了。 教师再次展示砝码位置变化与锯条弯曲度，说明背着和提着压力没有变化时，全班学生都在点头，还有不少学生说：是的，是的。 观察者身边有学生说：你背着包、提着包，都是个包，当然没有变化啰。观察者课后询问这位学生为什么这么理解？学生说，每周来学校，背着衣服和用品，背累了就提着，

续表

环节	师生课堂活动	观察分析
展示 10:15— 10:19	教师请一个学生到讲台上，教师背着学生走、提着学生走，询问压力是否变化。全班学生哈哈大笑，但说不出答案。 教师再次用砝码解释，学生基本理解	提累了就背着，发现其实都一样重，只是一个手累、一个背累而已。 观察者课后将此告知上课教师。教师表示以前没有关注过学生的这一经验，以后一定用上
体验与观察 10:20— 10:31	教师让每个学生拿出笔，用手指按压笔尖和笔帽，分别感受水平面力的变化。 教师请一名学生到讲台上，分别用手指和手心挤压气球，观察气球陷进去的程度。 教师再请一名学生到讲台上，展示用手压小木头桌子和海绵，观察木头桌子和海绵的变化。 教师引导学生得出结论：压力的效果与压力的大小有关。 教师再导出实验方法：控制变量法、转换法，并告诉学生中考会考此类填空题。 教师引导学生得出压力实验结论： 在受力面积一定时，压力越大，压力作用效果越明显；在压力一定时，受力面积越小，压力作用效果越明显。学生认真听	学生对自己开展手指压笔尖、笔帽的实验很有兴趣，但对于只有一个学生展示的实验兴趣不大，不少学生开始寻找不同的物品用手指和手掌进行挤压，形成自己的感受，不时有人发出"哎哟、呜呼"的声音。 当讲到中考试题时，几名学生开始记笔记，但大多数学生没有记笔记。观察者课后询问身边学生，为什么不记笔记，该学生表示自己考不上高中。这所学校大部分学生都考不上高中，大多数是去中职学校。观察者询问原因，学生表示不交学费，还有补贴，一学期之后就能进厂挣钱。观察者询问，为什么还是这么认真地听课，而且一直在用不同物品体验呢？该学生表示是因为好玩，而且说不定可以学来整人。 观察者课后询问教师有没有考虑到学生学习之后用相同手段来整人？教师表示从来没有
展示 10:32— 10:43	教师展示图钉制作的钉床，把气球放在钉床上，气球没有破，以此来引导学生分析实验；再把盛水的气球放在钉床上，看水球是否会破并引导学生分析实验；最后用一根针进行实验，水球破，引导学生分析实验。 完成3个小实验展示后，板书新的图，导出新的问题：甲、乙重量不同、受力面积不同？之后导出新的概念：压强。教师用学生以前已学的速度时间关系，导出压力作用效果，用比值定义法，引出新概念压强，找出相同面积比压力，得到概念 $1N/m^2=1Pa$。 教师通过图片，用一个鸡蛋、西瓜子和老师的重量等形象说明1Pa的概念	学生对实验非常感兴趣，认真观察。观察者听到有学生说：村里那些滚钉板的就是这个道理。观察者课后询问这位学生，学生说：每年春节都有人在赶集的时候表演滚钉板、上刀山等，其实都是这个道理，我只是不知道他说的这个词。 观察者课后与上课教师讨论这个学生所说内容。教师表示从未见过赶集时的滚钉板或上刀山表演。观察者询问教师是否有必要导入民族文化这一内容，教师表示那些都是封建迷信的假把戏，是不科学的，不能在科学课上讲。观察者表示，这样做恰恰可以戳穿这些假把戏。教师表示自己没亲眼见过，还是不讲为好

续表

环节	师生课堂活动	观察分析
归纳 10:44— 10:52	教师总结本节课所学内容，梳理压力、压强的概念和公式。 给出思考题： 你去超市买了很多东西，提着塑料袋，手很疼，怎么办？ 学生1：少提一点 学生2：拿个篮子 教师肯定第二位学生的回答：增大接触面积。 然后给每位学生分发礼物。学生得到礼物，是不同的卡片	总结过程中学生没有记笔记，似乎对中考内容没有足够兴趣，只是对实验现象感兴趣。这说明学生关注了这节课的热闹，没有关注这节课的门道，没有进行必要的深度学习，从而没有掌握学习内容。 "少提一点"这一完全与压力、压强没有关系的回答，说明学生没有掌握本节课的重点和理论。学生似乎对教师赠送的卡片不感兴趣，内容是风光，与本节课内容无关

总体观察分析：

（1）每一位学生都非常积极地参与了这节课的学习。绝大多数同学对实验很感兴趣，而且乐于亲身体验。所有学生都参加了至少两项实践体验活动。

（2）大多数学生没有建立起压力和压强的概念和理论。课很热闹，却没有形成深度学习。

（3）这节课的大多数案例与实验和学生真实生活相去甚远，滑雪板、双脚站在雪地、盲道、骆驼脚掌、铁轨枕木等，都无法引起学生的共鸣。而学生在赶集时看到的滚钉板表演、从家来学校路上背着与提着物品的体验，都没有呈现。

（4）学生了解到不应占用盲道，却试图用所看到的现象去整人，这里涉及的科学的伦理问题值得关注。

课堂调查案例显示：第一，复合性的学习目标与学习活动对民族地区外语教育课堂的教学成效具有显著影响，目标过高、过低或单一，都直接制约着民族地区外语教育的成效；第二，民族文化和学生熟知的生活实践等融入程度与方式，对民族地区外语教育课堂成效具有显著影响。

第三章

民族地区中小学复合形态学科教育可能

第一节 民族地区学科教育的困境

学科教育是教育的基本形态。语文、数学、英语、物理、化学、生物、历史、地理，等等，无论哪一个学科，都以考试作为基本测试方式。考试科目的学科化，尤其是高考科目的学科化，都将升学考试这一学业发展目标作为终极目标。而当前，我国社会普遍以升学作为评价教育成效以及评判一个学生是否成功的核心指标，这导致学业发展似乎成为学科教育的唯一目的。

在这样一种体系下，高考学科成绩的高低成为评价学科教育成功与否的核心指标。分析发现，我国民族地区的高考学科成绩与全国平均成绩存在显著差距，"民族教育发展仍面临一些特殊困难和突出问题，整体发展水平与全国平均水平相比差距仍然较大"[①]。追根溯源，民族地区中小学学科教育本就与全国平均水平存在显著差距，随着学科难度的逐渐增加，高考成绩自然就呈现出更大的差距。

民族地区的教育发展差距问题已经成为实现"全面建成小康社会"目标亟待解决的问题。我们必须加快民族教育发展，"坚持缩小发展差距。坚持民族因素和区域因素相结合，完善差别化区域政策，分区规划，分类指导，夯实发展基础，缩小发展差距，促进教育公平，决不让一个少数民族、一个地区掉队，推进民族教育全面发展。坚持结构质量并重。适应区域发展总体战略和'一带一路'建设需要，优化教育结构，科学配置资源，提高教育质量，提升少数民族和民族地区学生就业创业能力和创造幸福生活能力，促进民族教育与经济社会协调发展。"[②]

笔者调查发现，民族地区中小学学科教育存在诸多显著困难和制约因素。

---

① 国务院.加快发展民族教育的决定[N].中国民族报，2015-08-18(3).
② 同上。

一、当前我国民族地区中小学学科教育的主要困难

高考和学业水平考试等数据显示，我国民族地区教育与全国平均水平相比普遍存在差距。调查也发现，民族地区中小学生对学科的学习普遍感到难度太大。

以贵州省数据为例。黔西南布依族苗族自治州的学科教育学业评价数据，与贵州省的学科教育评价数据存在显著差距，见表3-1-1和表3-1-2。

表 3-1-1 / 2013 年普通高考贵州省与黔西南布依族苗族自治州考生各学科平均成绩比较[1]

项目	2013年高考各学科平均分			2013年高考各学科及格率		
	贵州省	黔西南布依族苗族自治州		贵州省	黔西南布依族苗族自治州	
	平均分	平均分	与省平均分差	及格率/%	及格率/%	与省平均及格率差/%
语文	95.95	94.47	−1.48	77.77	71.68	−6.09
英语	60.00	54.81	−5.19	15.26	11.62	−3.64
数学(理)	62.96	61.39	−1.57	17.94	17.70	−0.24
数学(文)	43.14	40.34	−2.80	4.20	4.22	0.02
综合(理)	125.8	123.1	−2.70	12.19	12.77	0.58
综合(文)	185.6	180.1	−5.50	61.85	53.32	−8.53
总计			−19.24			−2.99

以上数据显示，在1分决定命运的高考中，黔西南布依族苗族自治州高考各学科平均分，与贵州省考生平均分在所有高考科目上都存在差距，总计相差达19.24分，学科及格率总计低2.99%。这说明，从高考分数看，黔西南布依族苗族自治州在基础教育阶段的各学科教育都存在显著不足。

---

[1] 贵州省教育厅. 贵州省民族教育发展调研报告[R]. [2015-09-25]. http://mzj.gzdafang.gov.cn/zxzx/ztjd/153163.shtml.

表 3-1-2 / 2014 年高中学业水平考试贵州省与黔西南布依族苗族自治州学生部分学科成绩比较[①]

项目	2014 年高中学业水平考试平均分			2014 年高中学业水平考试 A 等率		
	贵州省	黔西南布依族苗族自治州		贵州省	黔西南布依族苗族自治州	
	平均分	平均分	与省平均分差	A 等率 /%	A 等率 /%	与省平均 A 等率差 /%
语文	110	109	−1	9.7	5.8	−3.9
英语	108	105	−3	8.86	6.63	−2.23
数学	110	108	−2	9.53	7.49	−2.04
物理	116	111	−5	13.7	7.97	−5.73
化学	122	118	−4	16.1	10.1	−6.0
生物	111	106	−5	11.1	2.93	−8.17
总计			−20			−4.68

以上数据显示，在高中学业水平考试中，黔西南布依族苗族自治州的学生在各个学科的学习中，都与贵州省平均水平存在显著差距，总分总计低于贵州省平均水平 20 分，各学科 A 等率平均低于贵州省平均水平 4.68%。

而我们知道，贵州省的基础教育在全国处于偏低水平。以上数据表明，相比于全国而言，黔西南布依族苗族自治州的教育水平整体处于一个更低的水平。

笔者在一次调查中也发现，180 名民族地区学生普遍存在学习困难的情况，其中小学生 40 人，初中生 40 人，高中生 50 人，大学生 50 人。在回答"你感到困难的学科有哪些"时，除了语文和历史外，每一学科都有超过半数的被访学生（其中历史从 7 年级开设，物理、地理从 8 年级开设，化学从 9 年级开设，生物从 10 年级开设）认为自己存在学习困难的情况。各学科学习困难的学生人数与总受访人数的比例关系见图 3-1-1。

---

① 贵州省教育厅. 贵州省民族教育发展调研报告[R]. [2015-09-25]. http://mzj.gzdafang.gov.cn/zxzx/ztjd/153163.shtml. 2014 年之后不再公开此项数据。

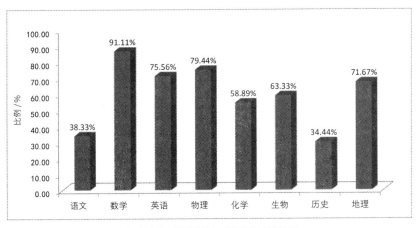

图 3-1-1　各学科学习困难人数与受访学生人数比例

以上数据说明，对于民族地区学生而言，几乎所有学科都存在困难，只是困难程度不同而已：语文和历史相对困难少一些，但即使是这些学科，也分别有超过三分之一的学生感到有困难；认为数学学习存在困难的学生达到 91.11%，这也印证了前引数据中数学高考及格率仅为 4% 的现象。

二、民族地区中小学 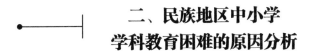学科教育困难的原因分析

民族地区中小学学科教育存在如此显著的困难，印证了民族地区基础教育确实存在严重问题。深入探究这其中的原因，有助于找到解决这些困难的有效方法。

笔者利用开展中国农村调查和中国民族教育调查的机会，先后在内蒙古和贵州对 33 位少数民族学生和成年人进行了深度教育访谈，内容是讨论他们在基础教育各学科中存在的主要困难，短则 1 小时，长则 3 小时，以期发现这些地区学科教育存在显著困难的原因，详情见表 3-1-3。

表 3-1-3 / 民族学生与成人访谈信息

受访者民族	项目	受访者人数 / 人	人均访谈时间
	蒙古族	11	2 小时 32 分钟
	布依族	9	1 小时 11 分钟
	彝族	3	53 分钟
	苗族	7	1 小时 7 分钟
	侗族	2	1 小时 25 分钟
	水族	1	1 小时 8 分钟
总计		33	人均 1 小时 23 分钟

通过受访者对不同学科学习情况和学业发展水平的自述，以及访谈者的补充提问，学生提及的学业发展出现困难的原因主要有：

（1）所学学科知识没有用。有 25 位受访者提到，自己从来没有与母语是英语的人交谈过，也没有读过教材和配套练习之外的外语材料。受访的 16 位成年人全部认为，小学五年级以后所学的数学知识，和几乎所有的物理、化学知识，在生活中从来没有用到过。

（2）学科知识难度太大。有 28 位受访者认为，数学、物理、化学、生物太难，与民族地区人们的日常生活关系不大。有 19 位受访者认为语文所学的文言文太难，与现实生活相去甚远。有 24 位受访者提到，自己的初中或高中同学，出现过由于考试成绩不好没有升学机会而辍学去打工的现象。

（3）老师讲的内容完全听不懂。有 20 位受访者指出，在学习理科的过程中，很少有实验环节，经常是老师在黑板上画图说明实验过程，这样根本无法直观地理解各种现象和理论。

在我国，学科教育之所以以生活、工作中没有实际功用的知识为学习主线来强调学科知识的系统性、完整性和学术性，是因为学科教育的目的是考试，而考试的目的是对学习者进行审核和选拔。以英语学科为例：学生自小学就开始学习英语语法知识，而这些语法知识是学生未来成为英语专业工作者的基础。但对于其他人来说，这些语法知识在未来的生活和工作中并无真实功用。我国真正成为英语专业工作者的人数，不到受教育总人数的千分之一。也就是说，我们将千分之一学习者的英语学科取向，作为整个英语学科的教育取向。这使得绝大多数学习者不得不学习很多未来可能完全用不到的学科知识，也就是"学无所用"。

很多受访者指出，若所学知识对于以后的生活和工作有帮助，他们愿意认真学习学科知识，即使再困难，也会尽自己所能。毕竟，学习是为了更好地生活。

第二节 民族地区复合形态学科教育的可能

以上分析说明，单一学业取向的学科教育模式，是民族地区学生无法实现学科教育目标的原因，而要解决这一问题，需要设计更为合理的学科教育系统。

基于民族地区学生的学习需求和未来发展的多样性，笔者设想，复合式的学科教育模式，可能会为民族地区中小学学科教育带来转机。

人类的认知有限，我们无法凭借个人能力全面认知事物，哪怕是一枚硬币，其两面性也常常被我们忽略。为了扩展认知能力，克服人类的认知生理缺陷，我们可以借助身边的工具。比如一面镜子，它可以使我们同时看到硬币的两面。

人类总是借助复合命题和复合判断对事物进行分析。在逻辑学中，判断一般分为简单判断和复合判断，我们对复杂的事物或情况可以使用多重复合判断法。这种方法可以帮助我们从不同角度、不同层次看问题，从而使我们的判断更接近现实。这种复合是"compound"式的复合。根据 Oxford English Dictionary 的解释，compound 的语义是：a thing consisting of two or more separate things combined together; a substance formed by a chemical reaction of two or more elements in fixed amounts relative to each other，显然其强调的是 together 和 relative to each other[①]两个特性。复合性（compound）是综合性（multiplicity）与多样性（diversity）的组合。单一性（singularity）导致脆弱性（vulnerability），而多样性带来稳定性（stability）。但是，单纯的多样性不能构成一个复合体。多样性形成整体，通过相互关联最终形成复合（compound）——这样才既有多样性的活力，又有整体的合力[②]。

自现代教育历程之初，学科教育就成为教育的基本形态，基础教育也基本采用学科教育模式，只有少数课程例外。这一基于学科分类而设计课程体系的学科教育形态，是我国当前基础教育的基本形态。我国基础教育课程包括语文、数学、物理、化学、生物、政治（品德与生活、品德与社会、思想品德等）、历史、地理、外语（英语、日语、俄语、法语、德语、西班牙语）、美术、音乐、体育、计算机技术、通用技术等课程，只有少部分地方开设一些综合课程，如科学、艺术、综合实践等[③]。因此，复合形态应是发展民族地区中小学学科教育的最佳形态。

单一的学业取向，尤其是以考试成绩为取向的，是我国教育的积弊，也是我国当前教育改革要突破的屏障。发展核心素养就是解决这一问题的有效路径[④]。核心素养不仅应该成为我国教育的基础，还应该成为学科教育的指导原则。因此，复合式的学科教育意味着要以核心素养为基础，结合学习者的学习兴趣和未来发展需要，充分考虑民族学生的学科优势，进而形成以下 4 种可能的学科教育取向，详情见图 3-2-1。

[①] https://www.oxfordlearnersdictionaries.com/definition/english/compound_1?q=compound. 20190601 retrieved.
[②] 赵毅衡. 意义世界的复数性与复合性 [J]. 贵州社会科学，2017(8)：148-153；张立平，苏立新. 论推定的复合性 [J]. 社科纵横，2007(12)：50-53；冉永平. 语用学研究的复合性特征 [J]. 外国语文，2012, 28(5)：7；邴正. 跨文化传播中的多元复合性 [J]. 社会科学战线，2015(7)：16-20；冯玉军. 理解复杂世界需要复合性思维 [J]. 世界知识，2019(1)：75；吴蓉，王克俊，李昕娟. 基于新型复合控制策略的火炮电源研究 [J]. 兰州交通大学学报，2014, 33(4)：1-5；罗梁波，颜昌武. 从单一性到复合化：中国公共管理研究的现实与未来 [J]. 政治学研究，2018(5)：79-90, 127；陈越. 物质性、单一性与主体 [J]. 国外理论动态，2006(3)：56-59；唐韧. 单一性：生命活力的杀手 [J]. 读书，2003(9)：104-106.
[③] 顾明远. 教育大辞典（增订合订本）. 上海：上海教育出版社，1998：1800.
[④] 顾明远. 核心素养：课程改革的原动力 [J]. 人民教育，2015(13)：17-18；钟启泉. 核心素养的"核心"在哪里 [N]. 中国教育报，2015-04-01(007)；辛涛，姜宇，刘霞. 我国义务教育阶段学生核心素养模型的构建 [J]. 北京师范大学学报（社会科学版），2013(1)：5-11；辛涛，姜宇，王烨辉. 基于学生核心素养的课程体系建构 [J]. 北京师范大学学报（社会科学版），2014(1)：5-11；施久铭. 核心素养：为了培养"全面发展的人"[J]. 人民教育，2014(10)：13-15.

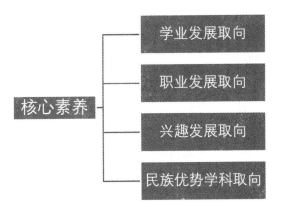

图 3-2-1 民族地区中小学复合式学科教育取向

1. 核心素养 + 学业发展取向

学业发展，是学科教育的基本形式，也是学科教育的责任。每一学科的发展都离不开相关的专业人士，而学业发展是培养这些专业人士的方法和基础。这也是升学考试中一般都会考查多个学科的原因。显然，升学是学科教育的目标之一，也是学科教育常常以学业发展为基础的原因。

对于民族地区教育而言，让更多学生升学，也是民族地区基础教育必须努力的方向。因为只有如此，才有机会为民族地区培养更多人才，促进民族地区更高层次的发展。

但是当前，学科教育单一的学业发展取向，不符合现代社会发展对人才的要求，核心素养才应成为专业发展的基础。所以，学科教育的发展必须以"核心素养 + 学业发展取向"这一复合取向为基准——即以核心素养为基础目标、以考试成绩为专业目标，形成复合式的学科教育取向。

如前所述，学科教育需要发展学科专业基础，这是教育完成为国家和社会培养所需人才的首要途径。学业发展作为学科教育的第一取向，自然也是民族地区中小学学科教育的第一取向。

2. 核心素养 + 职业发展取向

从前述访谈的情况来看，几乎全部受访者指出，希望所学学科知识与自己的未来职业发展相关。他们认为学校德育、家庭教育和社会教育等学科，可以较好地完成基本素养教育，而对于学科教育，他们更关注其与自身的未来职业需求之间的关系，非常期待学科教育可以促进自己未来的职业发展。

在对民族地区学生辍学问题的访谈中，受访者指出，若所学知识与能力有助于职业发展，他们绝大多数会返回学校继续学习。辍学峰值一般在初中二年级和高中一年级。初二辍学的学生主要是发现自己的学业发展现状达不到进入普通高中的标准，而高一辍学的学生则是发现自己的学业发展水平无法达到进入大学深造的标准。受访者指出，辍学的确有家庭贫困的原因，但这不是根本原因。辍学者已能明确判断出自己的学业水平达不到升学考试成绩的标准，这才是根本原因。

基于此，若在民族地区基础教育中，从初中二年级开始增加职业发展取向，应该可以帮助本打算选择辍学的学生继续留校学习。比如，从初中二年级开始，在各相关学科教育中增加具有促进未来职业发展功能的学习内容，让学生根据自己的选择进行学习：在英语学科中，增加民族地区旅游英语、民族特色餐厅服务英语、民族纪念品商店服务英语等；在物理学科中，增加民族特色石质建构的结构力学知识与能力培养、建筑工结构力学知识与能力培养等；在化学学科中，增加菜肴成分检测与配置（如民族特色的酸汤鱼配方优化等）、民族药材指标检测与发布的教育教学等，显然都非常有助于学生的未来职业发展。访谈发现，这些具有职业发展可能性的学习内容，受到受访者的广泛认同和肯定。

这里的设想是选择性的，不是全面替代性的，即以学科教育学业发展为目的的学生，可以继续以传统模式学习，而以职业发展为首要目的的学生，则可以选择各学科中的特色内容学习。不过，增加这些内容意味着需要减少其他科目内容的学习，尤其是非基础性的学科内容。以英语为例：当学生选择民族特色餐饮英语为职业发展取向的学习内容时，完全可以减少对语法的学习，无须深入研究各种语法现象和用法。

这一设想不是简单的职业教育前置，将职业教育内容前移到初中二年级，而是在学科教育中，增加以职业发展为取向的学习内容。这仍然是以学科教育为特性的教育，既是学科教育与职业教育的有机整合，也是新的学科教育模式，是新的职业教育模式。

如前所述，核心素养是学科教育的基础与本质，也应是民族地区职业发展的基础与本质。所以，民族地区学科教育的发展也应是"核心素养＋职业发展取向"的复合式模式，它将学科教育与民族地区社会经济发展联系起来，从而全面提升民族教育促进民族地区发展的成效。

3. 核心素养＋兴趣发展取向

人的幸福感不仅来自职业，还来自生活。基于生活兴趣的学习，是个人最具活力的学习动机。

调查发现，民族地区学生学习困难的原因主要在于学习内容与个人兴趣相去甚远。受访者普遍提到，他们对所学内容基本不感兴趣，完全是为了应付升学。没有趣味的学科教育，使民族地区学生感到难上加难。访谈发现，若教育内容符合民族地区学生的兴趣，其学习困难会显著降低。

当然，学生的兴趣可能是短暂的，也可能是不正面的，甚至不利于自己今后的生活。所以，基于兴趣的学科教育，不能一味地满足学生现有的兴趣，而是应该引导学生在学习中找到乐趣，进而发展成兴趣。基于兴趣发展的学科教育，无疑可以促进民族地区中小学教育的发展。

如前所述，以兴趣发展为取向的民族地区中小学学科教育，也应形成"核心素养＋兴趣发展取向"的复合式学科教育取向。

4. 核心素养＋民族优势学科取向

我国各民族都有着自己的优势。少数民族的这些优势，往往都可以转化为学科教育优势。如各民族的地理特色和独特的历史文化背景形成的地理学优势和历史学、文学优势；各民族的特色刺绣、服饰、饰品等形成的工艺美术设计优势；蒙古族、苗族、彝族等民族独特的建筑形成的建筑学优势；苗族、布依族、蒙古族等民族特色医学成就形成的医学优势；侗族、蒙古族、苗族等民族独树一帜的音乐形成的音乐学优势；布依族、彝族等民族地方特色鲜明的戏剧形成的戏剧学优势；蒙古族、维吾尔族等民族与众不同的生活方式形成的草学、畜牧学、体育学优势；黎族、布依族、彝族等复杂的生活环境形成的热带作物学、山地作物学等优势；还有一些民族在近代史上形成的外国语言优势，如布依族的法语优势，等等。这些民族自身历史文化传统带来的优势，都可以转化为学科教育优势。

这些优势在目前的中小学学科教育中无法真正体现，因为现有的学科评价体系基本不涉及民族地区学生的优势知识与能力，如地理、历史、音乐、工艺美术等，而更多的民族地区学生优势学科在中小学教育中没有开设，如医学、建筑学、畜牧学等。若以数学、物理、化学学业成绩为评价标准，民族地区学生可能处于劣势，但若评价其优势学科，民族地区学生将会有突出表现。

显然，民族地区的学科教育应该重点普查各民族的学科教育优势，然后基于此优势，发展民族优势学科，使之具有类似于美国大学预修课程（Advance Placement Curriculum）的性质，从而形成民族优势学科取向。

当然，民族地区优势学科教育的取向同样离不开核心素养，应向"核心素养+民族优势学科取向"的复合模式发展。

第四章 民族地区英语教育复合形态路径探索

---

① 基于以下文献改写:刘照惠,鲁子问. 复合形态英语教育的内涵与实践[J]. 兴义民族师范学院学报,2019(6):63-70.

第一节 英语教育
复合形态路径的内涵

我国有超过一亿的中小学生在学习英语,他们的英语学习目标完全不同:其中约 5% 是为出国学习做准备,超过 10% 是为了出国旅游,而约 30% 在高中以后可能不再学习英语。我国学生的英语学习风格和学习基础等也存在很大不同,甚至同一个学生在不同阶段也表现出巨大差异。尽管情况千差万别,但学生仍需要统一学习根据英语课程标准编制的教材,参加统一考试。协调这种千差万别与大一统之间的关系,是我国英语教育实践的核心任务。实践发现,基于我国丰富的英语教育实践经验凝结而成的复合形态英语教育是把握这一关系的基本有效手段。

基于本书第二章和第三章的调查与学科教育对策分析,笔者认为,中国社会具有多元复合特性,中国英语教育也应具有该特性。中国英语学习者学习英语的目的也具有复合性,这要求以学生为中心的英语教育设计应符合复合性教学目标、选择复合性教学内容、开展复合性教学活动、组织复合性教学评价,从而真正形成英语教育的复合形态[1]。

调查发现,中国英语学习者英语学习目的的复合性特征具体表现为:绝大多数学生学习英语的第一目的是取得好的考试成绩,以便完成学业、顺利升学;越来越多的学生开始以语言运用能力(出国学习、旅游、进行国际交往等)为学习目标;有一部分学生以获得与英语课程相关的跨文化知识、方法和价值为学习目的;还有一部分学生以个人兴趣(英语歌曲、英语影视作品、英文版游戏等)为学习目的。在乡村中小学,有少部分义务教育体系下的学生在义务教育结束后,再无升学需求。这一部分人的英语学习目标不确定、不明确,属于"不得不学",而城市中这一类学生的比例几近于零。值得注意的是,没有一个学生的学习目标是单一的,都具有复合性特征。综合各种学习

---

[1] 鲁子问. 探索复合视角的英语教育:中国乡村学校实践[C]. 杭州:中国英语教育国际大会,2019-07-23;鲁子问. 民族地区中小学复合式学科教育设想[J]. 兴义民族师范学院学报,2016(1):60-65.

目标，我们可以看到这样的结果：成绩与升学目标占78%，应用需求占6%，兴趣占2%，无明确目标占14%。

运用SILL进行调查发现，中国学生语言学习风格具有不典型性特征。问卷与访谈发现，他们绝大多数都呈现出复合性学习风格，而不是单一风格。根据中国学生英语学习优势量表和访谈调查发现，中国学生语言学习优势也具有复合性，不呈现为单一优势，尤其是社会教育资源优势、信息化学习工具与环境优势等。

英语教育本身具有多元价值，既有语言运用的价值，更有认知世界、跨文化传播、自我发展、审美等价值，亦是一种具有复合视角的教育实践。

从布鲁姆的分析中可知，教育目标本身就具有复合性，而非单一性，详情见表4-1-1。

表4-1-1 / 基于布鲁姆教育目标修订版的复合形态英语教育问题设计行为动词与活动名词

层面	行为动词	活动名词
Remembering	Arrange, define, describe, draw, duplicate, find, identify, label, list, match, name, quote, recall, repeat, retrieve, sequence, show, tell, write...	Definition, labelling activity, listing activity, matching activity, multiple choice test, identifying term, providing example, reciting concept, short answer test, scavenger hunt, text reading...
Understanding	Associate, compare, discuss, distinguish, estimate, explain, express, extend, illustrate, indicate, infer, interpret, paraphrase, relate, restate, summarize...	Analogies, discussion board, drawing/illustration, journal/entry, multiple choice test, short answer test, simple comprehension, summary, written report, outline...
Applying	Apply, calculate, change, classify, compile, compute, construct, demonstrate, experiment, implement, manipulate, plot, predict, present, produce, relate, show, solve...	Data manipulation, demonstration, forecast, graph, presentation, problem set, programming, assignment, project, role play, show and tell, solution, simulation...

续表

层面	行为动词	活动名词
Analyzing	Analyze, appraise, break down, categorize, compare, contrast, deconstruct, differentiate, diagram, distinguish, examine, investigate, organize, outline, research, select, separate, simplify…	Analyze research, case study, comparison, critical incident, deductive, reasoning, discussion, graph, problem exercise, questionnaire, report, troubleshoot…
Evaluating	Argue, conclude, convince, criticize, critique, defend, discriminate, estimate, evaluate, judge, prove, rank, rate, recommend, select, support, test, value…	Argument, case study, critique, debate, evaluation, group discussion, project, recommendation, self-evaluation, survey, test case scenario, value statement, written conclusion…
Creating	Assemble, combine, compose, construct, create, design, develop, formulate, generate, integrate, invent, make, manage, modify, plan, produce, propose, rewrite…	Assemble code, concept development, create an application, experiment, formulate a plan, data collection, invention, modify design plans, project, proposal, problem solution, simulation…

笔者根据民族地区外语教育实践的调查发现，针对不同目标和需求的学生以及不同基础的学生，每一节课都需要设计不同层面的问题，以促进不同学生的复合性发展需求，实现班级复合、个人复合的英语学习目标。此即，复合形态的英语教育不仅强调根据学生的学习目的、学习动机、学习风格、学习基础、学习条件等进行灵活教学，还特别强调引导每一个学生个体在每一节课进行复合形态的学习，实现自己复合形态的发展，从而促进自身英语学科核心素养向更高层次发展。

基于以上分析可知，我国学生的英语学习在各个方面都存在差异。相对于二语学习，我国很多学生不以语言运用能力为学习目的。与西方学生不同，我国学生的学习风格不是单一形态，而是复合形态，如一个学生可能属于分析型，但根据学习环境和学习活动的不同，在某个阶段又转变为学术型，能力本身也忽强忽弱，变化不定。为此，我国一些优秀教师特别关注这种复合性特征，尽可能采取复合型的教学模式。他们会为不同学习目标、不同兴趣、不同语言基础的学生选择不同的学习内容，设计不同的学习环节、任务与活动，并针对个体开展评价；他们还会根据学生某个阶段的发展或者在某一节课上的变化，让学生开展不同的学习活动；或者灵活变通各种教学方法、使用不同的教学模具或教育手段，等等。这些优秀教师不仅仅能根据学生的复合特性开展教学，而且在这个过程中，还特别注重引导学生根据自己的特点进行自主学习，在整个学习阶段不断变化学习策略，从而把复合教学转化为复合式的自主学习。

我们对这一实践进行总结后可知，教师基于学生的复合特性为学生提供相应的学习要素、开展复合形态的教学，学生亦基于此进行复合形态的自主学习——不仅针对性强，其效果也是单一的教学方法不能比拟的。这一方法值得在中小学英语教育中推广与应用。

复合不同于分层。分层只是基于学生水平对教学方法进行层级化处理，复合则是考虑所有学习因素；分层不考虑某一节课的具体变化，复合则考虑各种变化。复合也不同于差异化。差异化关注的是学生个体的自然属性差异，复合则考虑学生个体的动态变化。差异化强调的是教师层面的选择，复合则是教师引导学生进行自主选择的手段。复合不只是学习目标、学习过程与活动，以及学习评价等教学设计的预设，更是学习过程的生成。学习要素的复合性和学生的自主选择能力，都决定了复合形态英语教育的有效性。

复合形态的教育是一种适用于多学科甚至所有学科的普遍教育方法，此处仅讨论其作为英语教育手段时的作用与意义。复合形态的教育，其实是对我国和世界范围内在混龄班级教学中运用的传统复式教学模式的继承与发展[1]，不仅强调不同年龄学生的复合教育形态，而且突出同一年龄学生的复合教育形态。

民族地区实践发现，复合形态英语教育在民族地区英语教育中成效显著，可以有效促进民族地区学生基于自身需求进行英语学习，促进民族地区英语教师职业素质和水平的提高，进而促进民族地区英语教育的总体发展[2]。

---

[1] 刘冬梅.中国近代复式教学研究[D].西安：陕西师范大学，2008；中央教育科学研究所调研组，田慧生，刘晓楠.我国偏远山区基础教育教学改革创新个案研究——汪来九"七级复式教学法"的特点及启示[J].教育研究，2007(1)：30-35；蓝健，章鹏远.国际复式教学的现状与趋势[J].天津市教科院学报，2004(1)：67-72.
[2] 陈晓云.复合问导：民族地区英语阅读教育新探索[J].兴义民族师范学院学报，2019(6).

第二节 英语教育复合形态路径的实践分析

复合形态英语教育在我国已有广泛的实践基础。我国很多优秀英语教师已在自己的英语课堂上开展了复合形态的英语教育，是该模式的切实贯彻者。

复合形态英语教育可以采用以下实践路径：

1. 引导学生自主构建复合学习方案

（1）教师基于专业基础，在学生的积极参与下，确定英语学习内容和多维度、多方向、多层面的活动目标，以及有效的评价方式等。

（2）教师向学生介绍并深度解析以上内容，同时可听取学生反馈。

（3）教师引导学生从语言本身和自身能力两个方面，进行自主评价和分析（包括学习基础、学习目标、学习风格、学习优势等）。

（4）教师指导学生基于以上分析选择学习过程、活动、任务等。

2. 学生基于自主复合学习方案，在教师引导下开展学习

（1）学生基于自主复合方案完成课前学习活动，如话题背景阅读和相关语言点的学习等，并基于课前学习成效自主调整复合学习方案。

（2）学生基于修改后的方案，参与课堂学习，进行回答问题、课堂讨论、语言学习等环节，并基于课堂学习的成效，自主调整上课时的复合学习方案，同时对课后的学习方案做进一步修改。

（3）学生基于调整后的课后复合学习方案，完成课后的巩固与拓展学习，如写作、测试、深度阅读等。

3. 学生基于本单元自主复合学习的综合成效，调整并制定下一单元的学习方案

以上是从学生学习视角对复合形态英语教育做出的路径说明。以上路径亦可调整为教师视角，过程基本相同，故不赘述。值得注意的是，以上路径为通用路径，基于全部学习要素，涉及全部学习过程和活动，全面实施的话还需要较为成熟的个人英语教育实践能力，或者较为成熟的教研团队。在具体操作时，可以先从某一种教学活动开始。

该路径的标志性特征为：复合学习目标、复合学习内容、复合学习活动、复合学习过程和复合学习评价。学生在教师引导下，自主选择并建构基于核心素养的学习目标，进一步选择学习内容、活动、过程和评价方式。

以下为具体实践案例解析。

教学内容：《英语》（新标准）七年级下学期 Module 8 Unit 1[①]（外语教学与研究出版社2013年出版）

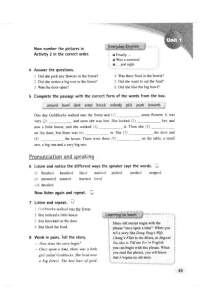

[①] 陈琳，等. 英语（新标准）七年级下学期[T]. 北京：外语教学与研究出版社，2013：48.

学习者分析：

本次课的学生为一所优质中学七年级学生。82%的学生（37人）语言能力达到课程标准规定和教材设定的级别，18%的学生（8人）低于这个级别；36%的学生（16人）文化意识和思维能力达到课程标准规定和教材设定的级别，64%的学生（29人）低于这个级别。

基于对学习者的分析，确定整个模块（大约一周时间）的学习目标：

语言能力：语言能力已达到课程标准规定的学生，帮助尚未达到目标的18%的学生提高语言能力。后者对一般过去时的掌握程度和对故事情节的理解能力得到了显著提升，基本能达到课程标准规定的目标。

文化意识：全体学生了解Goldilocks Principle，36%以上的学生能理解这一原则的广谱适应性和这一命名方式的由来。

思维水平：全体学生了解判断"just right"的标准，36%以上的学生能尝试进行这种判断。

基于此需要，补充以下学习内容，供学习者进行自主阅读，或者组建5人小组进行同伴分享阅读（一组均为未达标同学，教师加入该组）。学生课前自主（含分组自主）进行看图理解故事内容、根据图片情境学习单词的活动，并开展分组拓展阅读。

分组拓展阅读活动一（阅读内容基于网络材料）：
阅读故事，分组进行角色表演。5人一组，分别扮演：叙述者、Goldilocks、Papa Bear、Mama Bear和Baby Bear。

Goldilocks and the Three Bears

Once upon a time, there was a little girl named Goldilocks. She went for a walk in the forest. Pretty soon, she came upon a house. She knocked and, when no one answered, she walked right in.

At the table in the kitchen, there were three bowls of porridge. Goldilocks was hungry.

She tasted the porridge from the first bowl. "This

porridge is too hot!" she exclaimed.

So, she tasted the porridge from the second bowl. "This porridge is too cold," she said.

So, she tasted the last bowl of porridge. "Ahhh, this porridge is just right," she said happily and she ate it all up.

After she'd eaten the three bears' breakfasts, she was feeling a little tired. So, she walked into the living room where she saw three chairs. Goldilocks sat in the first chair to rest her feet. "This chair is too big!" she exclaimed.

So she sat in the second chair. "This chair is too big, too!" she whined.

So she tried the last and smallest chair. "Ahhh, this chair is just right," she sighed.

But just as she settled down into the chair to rest, it broke into pieces!

Goldilocks was very tired by this time, so she went upstairs to the bedroom. She lay down in the first bed, but it was too hard. Then she lay in the second bed, but it was too soft. Then she lay down in the third bed and it was just right. Goldilocks fell asleep.

As she was sleeping, the three bears came home.

"Someone's been eating my porridge," growled the Papa Bear.

"Someone's been eating my porridge," said the Mama Bear.

"Someone's been eating

my porridge and they ate it all up!" cried the Baby Bear.

"Someone's been sitting in my chair," growled the Papa Bear.

"Someone's been sitting in my chair," said the Mama Bear.

"Someone's been sitting in my chair and they've broken it all to pieces," cried the Baby Bear.

They decided to look around some more and when they got upstairs to the bedroom, Papa Bear growled, "Someone's been sleeping in my bed." "Someone's been sleeping in my bed, too" said the Mama Bear. "Someone's been sleeping in my bed and she's still there!" exclaimed the Baby Bear.

Just then, Goldilocks woke up and saw the three bears. She screamed, "Help!" And she jumped up and ran out of the room. Goldilocks ran down the stairs, opened the door, and ran away into the forest. And she never returned to the home of the three bears.

分组拓展阅读活动二（阅读内容基于网络材料）：
自主（含分组自主）阅读以下内容。5人一组，每人选择自己感兴趣的领域，并介绍一个"金凤花原则（Goldilocks Principle）"在这一领域的使用案例，尽可能结合图片展示案例。允许使用网络图片。

Goldilocks Principle

Goldilocks is a kind of plant often seen in Europe and Asia, with clusters of small yellow flowers. It often refers to a person, especially a girl, with light blond hair.

The Goldilocks principle is the idea that there is an ideal amount of some measurable substance, an amount in the middle or mean of a continuum of amounts, and that this amount is "just right" for a life-supporting condition to exist. The analogy is based on the children's story, *The Three Bears*, in which a little girl named Goldilocks tastes three different bowls of porridge, and she finds that she prefers porridge which is neither too hot nor too cold, but has just the right temperature. Since the children's story is well known across cultures, the concept of "just the right amount" is easily understood and is easily applied to a wide range of disciplines, including developmental psychology, biology, economics and engineering.

In cognitive science and developmental psychology, the Goldilocks effect or principle refers to an infant's preference to attend to events which are neither too simple nor too complex according to their current representation of the world. This effect was observed in infants, who are less likely to look away from a visual sequence when the current event is moderately probable, as measured by an idealized learning model.

In astrobiology, the Goldilocks zone refers to the habitable zone around a star. The Rare Earth Hypothesis uses the Goldilocks principle in the argument that a planet must neither be too far away from, nor too close to a star and galactic center to support life, while either extreme would result in a planet incapable of supporting life. Such a planet is colloquially called a "Goldilocks Planet."

In economics, a Goldilocks economy sustains moderate economic growth and low inflation, which allows a market-friendly monetary policy. A Goldilocks market occurs when the price of commodities sits between a bear market and a bull market. Goldilocks pricing is a marketing strategy that, although not directly related to the Goldilocks principle, uses product differentiation to offer three versions of a product to corner different parts of the market: a high-end version, a middle version and a low-end version.

In communication, the Goldilocks principle describes the amount, type and detail of communication necessary in a system to maximize effectiveness while minimizing redundancy and excessive scope on the "too much" side and avoiding incomplete or inaccurate communication on the "too little" side.

在课堂学习过程中，学生在教师引导下，自主选择能且愿意回答的问题。教师要求每位学生在本模块学习过程中至少每一层面回答一个问题，允许在他人陈述之后进行补充或者分享自己的案例与观点，并展示自己收集的图片与资源。

表 4-2-1 为第一课时教师提出的问题。

表 4-2-1 / Goldilocks and Three Bears 复合形态多层面问题设计

编号	问题	层面
1	What is the Goldilocks?	remembering
2	What is the standard of "right" for the porridge?	understanding
3	What is the standard of "right" for the chair?	understanding
4	What is the standard of "right" for the bed?	understanding
5	Why are the standards different?	analyzing
6	Is there any fatal flaw in the story about the choice of "just right"?	analyzing, evaluating
7	What is/are your standard(s) of "right"?	remembering
8	Do you have different standard of "right" for different things?	applying
9	Do you have different standard of "right" under different conditions?	applying

编号	问题	层面
10	Is there the "right" standard for "right"?	evaluating
11	What is the Goldilocks Principle?	remembering
12	How many fields are Goldilocks Principle used according to the introduction? What are the fields?	remembering
13	What is the meaning of Goldilocks Principle in each field?	understanding
14	What is a Goldilocks cup of tea?	applying
15	What is a Goldilocks Planet?	applying
16	What is a Goldilocks economy?	applying
17	Why is such a principle named after this story? Is this method of naming good? Why or why not?	analyzing, evaluating
18	Would you use the name of a popular story to name your findings? Why or why not? If yes, make one.	creating
19	Do you agree with Goldilocks Principle in these fields? Why or why not?	evaluating
20	Is there any fatal flaw of Goldilocks Principle? If yes, what is it?	analyzing, evaluating
21	Is there any fatal flaw of being "right"? If yes, what is it?	analyzing, evaluating
22	What is "right" for your English learning? Why?	applying
23	What is a "right" book for you to read? Why is it "right"?	applying
24	Who is your "right" friend? Why is he/she "right"?	applying
25	What is a "right" job for your future? Why is it "right" for you?	applying

以上第一课时的问题涉及记忆、理解、运用、分析、评价和创造6个层面。其中记忆问题4个，6人次回答；理解问题4个，9人次回答；运用问题9个，14人次回答；分析问题5个，11人次回答；评价问题6个，7人次回答；创造问题1个，5人次回答。问题18、22、24进行

了小组讨论，每位学生均进行了组内回答，共计135人次回答。整个课时学生共回答25个问题，共187人次回答。

在整个模块一周5个课时的课堂教学中，每位学生都全面、深度地参与了课前学习活动和课堂讨论活动，均对6个层面的每一层面问题至少进行了一次回答，其中12名学生每一层面都回答了2个以上的问题。学生均根据自己的发展目标等，确定了自主学习目标，并完全达到了自设目标，部分学生甚至超越了自设目标。每个学生的文化意识和思维水平目标均完全实现，文化意识目标甚至超越了自设目标。学生根据自己的学习目标和学习优势，都积极参与表演、讨论和展示等活动，尤其是自主选择"金凤花原则使用领域"这一活动要求，促进了每个学生对该原则的理解。

这一课例实践说明，复合形态下的目标设计、内容选择、活动设计和开展等，均能显著提升学生核心素养的发展。

复合形态不仅适合生态化民族文化英语教育，也符合各学科的教育目标和理念。无论是复合的目标、复合的内容、复合的方法，还是复合的评价手段等，都应以民族文化价值的认知与认同为核心。

第五章 民族地区小学英语教育复合形态实践探索

第一节 民族地区小学英语
课堂教学复合形态实践

小学生未来的发展具有无限可能性。但基于民族地区小学外语教育的调查与实践发现，民族地区小学生英语学习的目的与动机大多缺乏自主因素，基本完全基于小学英语课程的硬性规定。这势必将严重局限小学英语教育对促进学生未来无限可能性的发展。

为此，民族地区小学英语教育必须坚持学习目标、学习活动、学习过程和学习评价的复合性——设计不同任务、不同内容、不同活动，或对同一任务、同一内容、同一活动设计复合视角。

复合形态的小学英语课堂教学通常从教师与学生对学习目标的讨论开始，据此进一步确定具体目标、学习内容与活动、学习过程和评价等。

以下为笔者在广西壮族自治区小学英语课堂的教学案例。

Step 1：师生讨论学习内容并协商目标

在 Whose Banana? 教学之前，教师问学生：一个英语小故事中有两个同学争吵说桌子上的香蕉是自己的。你们想解决以下哪个问题：弄清楚香蕉到底是谁的；我们基于什么原则判断香蕉归谁；两个问题都想弄清楚；只想单纯地学习一个有趣的英语小故事；想从故事中学到一些新知识。学生们发表不同意见，最后通过投票表决：①全部同学都打算学习这个小故事，提高听力理解和口头表达能力；②大部分同学想学习如何用英语表达"某个物品属于谁"；③很多同学想学习如何判断某个物品属于谁；④有几个同学希望弄清楚香蕉到底是谁的；⑤还有几个同学想学更多有关水果的名词，尤其是广西当地的水果，如木瓜、杨桃、猕猴桃、红香蕉等。

Step 2：教师基于师生协商结果编制复合学习目标

教师与学生进行内容讨论之后，形成以下复合学习目标。

一、语言能力目标

1. 听 Whose Banana? 对话故事。听懂故事大意，理清人物关系，梳理故事发展过程，弄清楚香蕉到底是谁的，谁吃了香蕉。（至少选择一项作为学习目标）

以下为学习内容

Whose Banana?

Gee: Aha, a banana.
Wee: Oh, yes, a banana. It's MY banana.
Gee: No! It's MINE. I saw it.
Wee: I saw it, TOO.
Gee: But I saw it FIRST. And I GOT it first.
Wee: Now, I have got it. Because I am stronger than you.
Gee: Woooo, it's MY banana.
Elephant: It's not YOUR banana. It's MINE now.
Gee: No! It's MY banana.
Elephant: It's not YOURS now. I have got it. Because I am stronger than you two. Mmm, yummy.
Gee: Woooo, my banana!
Wee: Woooo, my banana!

---

2. 模仿对话，进行表演。注意模仿语音语调，尤其是语句中的重读单词，并理解重读的原因。（自主选择）

3. 自主学习广西特色水果名称：pawpaw、starfruit、kiwifruit、red banana。（自主选择）

二、文化意识目标

1. 在教师引导下学习并掌握判断某物品归谁的原则。（自主选择）

2. 通过故事，理解不应抢夺他人物品的道理。（规定学习目标，必选）

3. 分享故事寓意：鹬蚌相争，只会让渔翁得利。应尽量减少纷争，尽快解决问题。（自主选择）

三、思维水平目标

无论是人类世界，还是自然界，都有相应的法则要遵守。任何破坏法规和原则的个人和行为，都要付出代价。（自主选择）

Step 3：学生自主确定学习目标

教师将以上目标在上课之前告知学生，学生自主选择。学生自选目标结果为两类：一为听力语言目标+"通过故事理解'不应抢夺他人物品'的道理"，定为复合目标A，共计9人；二为听力语言目标+口语语言目标+"通过故事理解'不应抢夺他人物品'的道理"+"在教师引导下学习并掌握判断某物品归谁的原则"，定为复合目标B，共计15人。（本次上课学生为24人。）

教师制作广西水果单词图片，发给自主选择这一目标的学生。

Step 4：课堂教学

时间	教学步骤	师生活动	教学目的
课前	学习	教师在上课前两天发给学生课前学习微课，内容是教师用"I saw it. I got it. I have got it."介绍自己的见闻，帮助学生进行语言准备。 学生课前观看微课，预习相关内容。 上课之前，教师让学生按照自选学习目标分组并调整座位。全班分为8个小组，复合目标A学生9人，分为3组，每组3人；复合目标B学生15人，分为5组，每组3人。学生3人一排入座。	让学生课前巩固复习本节课需要理解的已学语句"I saw it. I got it. I have got it."，确保上课时聚焦本节课目标语词"my, mine, your, yours"及相关语句
第1~6分钟	听前	教师呈现本节课任务：通过故事，理解一个道理。什么道理？边学边发现。 教师让学生看图，说出图中的动物和物品，然后让学生预测故事情节。学生看到猴子和香蕉，预测故事内容为猴子吃香蕉，因为猴子喜欢吃香蕉	通过预测，激发学生兴趣，提升学生思维水平（逻辑性）
第7~20分钟	听中	教师告诉学生，听对话故事录音，之后回答以下问题： Who has the banana first? Who has the banana then? Who has the banana at last? 教师请单个学生读出以上问题，再让全班学生集体读出以上问题，确保每个人都理解了问题，并让学生在学习单上对first、then和at last画图，告诉学生听到答案时可以记录下来。然后教师播放对话录音。 学生听录音，全班学生做记录。 之后教师逐一请学生回答每一个问题。3个学生回答正确，但第三个学生第一次回答错误，第二次在同学提示下说出正确答案	提高学生听力理解技能，培养其养成对故事发展预测的听力策略，促进学生判断力的发展。 培养学生听取具体信息并判断作者态度的能力，发展学生理解重音的能力

时间	教学步骤	师生活动	教学目的
第7~20分钟	听中	教师再次播放录音，请学生回答问题： How did Monkey Gee get the banana? How did Monkey Wee get the banana? How did Mr. Elephant get the banana? What words did they put stress on? Why? 教师请全班同学集体读出每一个问题，并提醒学生注意how。 然后教师再次播放录音。学生听录音，部分学生记笔记。 教师请全班一起回答问题。 学生正确回答了问题	
第21~30分钟	听中	教师提出以下问题，请全班同学集体朗读： Question 1 for discussion: "I saw it first and I got it first. So it is mine." "I am stronger than you. I have got it NOW. So it is mine." Which is a good and strong reason? 然后让复合目标A的3组学生对此进行小组讨论。 教师再提出以下问题，请复合目标B的5组学生在讨论以上问题的同时讨论以下问题： Question 2 for discussion: What is the reason of Monkey Wee and Mr. Elephant to get the banana? Is the reason strong? 学生开展小组讨论。 教师请一个小组分享了对Question 1的讨论结果，答案为：I saw it first and I got it first. So it is mine. 因为这是人类普遍遵循的原则。教师询问其他组是否有不同意见，均无。教师询问，那么大象为什么不遵循这一原则？有学生回答：Mr. Elephant is not a man. 教师指出这里是拟人化了，用的是 Mr.。有学生回答：He is wrong. He is bad. 教师询问其他同学意见，大家均表示同意。教师再问：Can we take things from other people like Mr. Elephant? 全班学生均给出否定回答。教师追问Why。学生说出"He is wrong." "He is bad." "It's not yours." "It's not his." 等答案。教师板书语句：Never take things from other people by force. 并用动作演示by force。很多学生将此句抄写到书上或笔记本上	发展学生分析能力

时间	教学步骤	师生活动	教学目的
第31~38分钟	听后	教师让复合目标B的5组学生以小组为单位进行模仿,准备表演故事,并请复合目标A的3组学生进一步深入这5组中听他们读得好不好,语音、语调是否准确,尤其是重音。 教师请复合目标B的5组学生中的两组进行表演,全班为他们打分,并指出可以进一步改进的地方。	培养学生预测能力,提高思维水平。提高学生语音水平和口头表达能力
第38~40分钟	小结	教师请学生总结本节课所学。有学生说出:Never take things from other people by force. 有学生说:"It's mine." "It's yours." "It's his." 一个学生说出:pawpaw、starfruit、kiwifruit、red banana。 教师让学生课后再听对话,看看是否会有新的理解,并让学生:Follow the rule in your whole life	培养学生文化意识

显然,这一课例具有非常典型的复合形态:学习目标是复合的,不是单一的,学习内容、活动、过程、评价也都采用复合形式,学生的发展自然也是复合的。这种复合均基于核心素养的培养,无疑有效地促进了民族地区外语教育目标的实现。

第二节 民族地区小学英语阅读教育复合形态实践[①]

复合形态的英语阅读教育,通常以提问开展,既有关于语言知识和语言运用的问题,也有认知、跨文化传播、自我发展、审美等领域的问题,甚至对同一学生在同一节课对同一内容学习的提问也会根据具体情况有所变化。实践发现,在民族地区小学英语阅读教育实践中,开展复合形态的小学英语阅读教育,成效显著。陈晓云老师在青海省开展的以下案例,说明了不同层面的问题设计对小学英语阅读教育的有效性。

这一案例使用的文本为绘本 *The Hug*[②],内容如下。

[①] 本节主要来源于以下文献:陈晓云. 复合问导:民族地区英语阅读教育新探索[J]. 兴义民族师范学院学报, 2019(6):71-78.
[②] Sharon Fear, John Bendall-Brunello (Illustrator). The Hug [M]. Portsmouth: Fountas & Pinnell, 2009.

这一绘本主题积极向上——从未被拥抱过的小豪猪想得到一个拥抱，于是小伙伴们想出各种办法，最终让小豪猪如愿以偿。该绘本情节简单，故事发展线索清晰，语言基本适合五、六年级学生。以下是笔者为这一绘本课堂教学设计的多层面问题列表，引导学生进行阅读理解，提升核心素养，详情见表 5-2-1。

表 5-2-1 / 绘本 The Hug 的多层面问题设计

编号	问题	层面
1	Look at the photo and answer: What do we hug to? To say good-bye/give best wishes.	understanding
2	Look at the photo and answer: What do we hug to? To give a warm welcome/say hello.	understanding
3	Look at the photo and answer: What do we hug to? To celebrate.	understanding
4	Look at the photo and answer: What do we hug to? To show love.	understanding
5	Sum up and answer: What do we hug to? To give best wishes./ To celebrate./ To show love./ To give support. / Encouragement（鼓励）.	remembering
6	Why does a hug make people feel good? Because a hug means love!	analyzing
7	What did Little Pins want? Little Pins wanted a hug.	remembering
8	What is the problem of hugging Little Pins? It will hurt to hug Little Pins.	analyzing
9	Is there any animal like Little Pins in our village? Will it hurt to hug that animal?	evaluating
10	What animals did Little Pins ask for a hug? Did they give her a hug?	remembering
11	Why do you think Little Pins wanted a hug so much? Maybe nobody ever hugged her. She never felt the love of a hug.	analyzing
12	Do we have Little Pins in our life? I am ill and old. Would you please give me a hug? I'm not lovely and I'm not good at study. Would you please give me a hug?	applying

续表

编号	问题	层面
13	Do you think Mouse, Hoot and Skunk wanted to make Little Pins happy too? How do you know that? Yes, they did. They didn't hug her, but they tried to do other things to make her happy.	analyzing, evaluating
14	Did Mouse, Hoot and Skunk make Little Pins happy? How do you know that ? No, they didn't. Because that was not what Little Pins wanted. She still wanted a hug.	analyzing, evaluating
15	What can we learn from Mouse, Hoot and Skunk? We should try to do what we can to help our friends. We should help others only when it won't hurt us.	analyzing, evaluating
16	How did Moosling find a way to hug Little Pins? What can we learn from him? He asked Little Pins to put on a jacket, so it didn't hurt to hug her. We should try to find a way out when meeting a problem.	remembering, analyzing
17	Do you have any different ways to give Little Pins a hug?	creating
18	How can we ask for something in a polite way? 1) Draw a line under how Little Pins said what she wanted. I want a hug. / I wish I could get a hug. 2) Draw a line under how Little Pins asked for a hug. Will you hug me?/Will you give me a hug?	analyzing
19	Can you say it in a more polite way? Would you please hug me?/Would you please give me a hug? I wish you could give me a hug.	creating
20	How can we say No in a polite way? How did Mouse, Hoot and Skunk say NO? Find the sentences and draw a line under them. I wish I could, but …/I wish I could, but …/Sorry, I can't.	analyzing
21	Try to do other things to help: Do you want to shake hands? Come here. You can play my drum. That will make you happy.	analyzing
22	How to ask for sth. 1)Say what we want I want …/ I wish I could … 2)ask for it politely Will you …/Would you please …/I wish you could…	analyzing

续表

编号	问题	层面
23	How to say NO to others 1) say NO politely I wish I could, but …/ Sorry, I can't. 2) offer what we can do/offer to help in another way	analyzing
24	You are invited to share your understanding of friendship.	applying
25	Are they right?	applying
26	Are they right?	applying
27	What is right?	applying
28	This is right! Do you agree? Say what we want and ask for it politely I want …/ I wish I could … Will you …/Would you please … I wish you could … Say NO politely and offer what we can do 1) say NO politely I wish I could, but … Sorry, I can't. 2) offer what we can do / offer to help in another way.	applying
29	What is right? Let's show it. 1) Are their words and sentences correct（正确）? 2) Are they polite? 3) Is their performance（表现）good?	applying, evaluating

续表

编号	问题	层面
30	What is right? Let's show it. 1) What should we do to the abandoned dogs in our village you mentioned before? 2) Do you agree with their suggestions?	applying, evaluating
31	What have we learned from the story? 1) A hug feels good. Show our love by giving a hug. 2) We should ask for something in a polite way and say NO in a polite way. 3) We should always try our best to help our friends. 4) We should help only when it won't hurt us. 5) When we meet a problem, try to find a way out.	analyzing, evaluating

以上问题从导入开始，引导学生理解 hug 的作用，然后开始阅读，理解故事内容，从故事情节、原因以及合理性等方面进行深度探讨。之后从德育的视角（What is right? How can we ask politely? 等）对语言进行归纳总结，开展语言和德育层面的运用实践，促进学生核心素养的发展。

在课堂实践中，教师采用"问导"的方式，督促全班完整回答所设计问题，鼓励每一个学生都至少回答一个层面中的一个问题，从而促进民族地区学生英语阅读教育复合形态的发展。教师通过小组活动等形式，让所有学生都能基于自己的语言能力、学习目标和动机等，回答一部分问题（如情境表演）；而对于一部分分析层面、评价层面的问题，教师则让有意愿和有能力的学生进行回答，其他同学聆听并进行重复（如 What is his answer? Do you agree?），最终使所有学生都能理解这些层面的问题。即使是分析、评价层面的问题，也表现出难度层次的复合性——可以允许表达意愿非常强烈但英语语言能力欠缺的学生，在同学或教师的帮助下，用简单的英语进行表达，甚至可以先用汉语表达，再在其他人的帮助下转换成英语。在整个教学过程中，教师还特别注意引导每一个学生回答不同层面的问题，并对学生所回答的问题进行必要的记录，鼓励尚未回答某些层面问题的学生积极尝试，确保每个学生复合形态的英语学习都能有所体现，以促进其多层面的发展。这种复合形态下的以问题为引领导向的绘本阅读教育实践，使民族地区英语阅读课的每一位学生都能充分参与整个过程，实现阅读教育目标。多次课堂实践发现，复合形态的问导，能有效促进民族地区学生对英语绘本的理解能力。

基于图 5-2-1、图 5-2-2 可知，这一绘本阅读提问设计的层面为 38 个。分析层面问题最多（11 个），然后是评价层面和运用层面的问题（分别为 8 个），创造层面问题最少（2 个），这符合小学英语阅读课以读为主的特点；同时，这节课的记忆层面问题（4 个）和理解层面问题（5 个）并不多。分析与评价层面的问题合计占 50%，记忆和理解层面的问题合计占 24%，运用层面问题仅占到 21%。这一结构特性说明，该阅读绘本相关问题设计的复合形态，彰显了以发展学生核心素养为目标的英语阅读教育发展思路和要求。

绘本阅读是小学英语常见的阅读形式，需要满足学生英语学习的复合形态特性。这种多层面问题的设计，不仅能让学生基于自己的英语学习目标、水平和动机回答问题，还能让其有机会通过聆听其他同学的回答而接触并理解所有层面的问题，进一步促进核心素养的发展。而民族地区学生英语学习的复合形态更为复杂，需要更为复合的问题设计体系和问导方式。

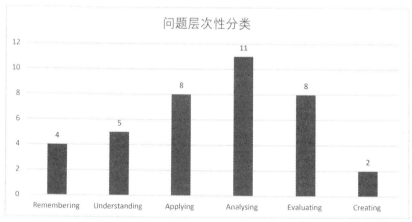

图 5-2-1 绘本 *The Hug* 各层面问题数量

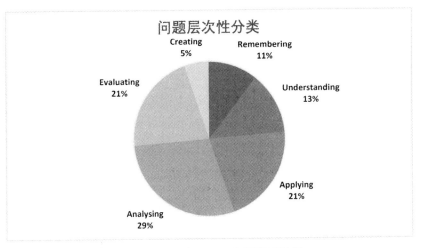

图 5-2-2 绘本 *The Hug* 各层面问题比例

第六章 民族地区初中英语教育复合形态实践探索

第一节 民族地区初中英语课堂教学复合形态实践

复合形态教学模式不仅适合小学英语教育和阅读课堂,也同样适用于初中英语教育。以下以笔者在云南省澜沧拉祜族自治县勐朗镇金朗中学为八年级学生进行的一次连堂课教学为例,对初中英语课堂教学复合形态进行实践探索。

以下是具体教学过程。

Step 1:师生协商,确定目标与内容

师生协商,确定教学目标与内容

参与该次教学活动的班级学生共计34人,拉祜族12人,汉族8人,哈尼族6人,布朗族2人,彝族2人,傣族1人,景颇族1人,白族1人,佤族1人。在此次教学活动前一晚的自习课时间,教师与该班学生就学习目标和内容等进行了讨论,并预习了第二天的学习内容。教师请学生说一说对Robinson Crusoe的故事背景有多少了解,5名学生表示读过相关故事,但没人读过原著。教师进行了补充,并播放了电影预告片,让学生有初步感知。教师询问学生对这一课有什么学习要求。学生提出单词、语法等内容,教师进一步启发学生:想不想学习他克服困难的方法?学生齐声响应:想。教师再问:这是英国的故事。我们要不要学习本地的故事?比如拉祜族的扎努扎别的故事?有学生回答:想。教师请几名拉祜族学生简要介绍他们知道的有关扎努扎别的故事,教师进行了必要补充。教师再询问全班同学:我们全班一起帮助拉祜族同学把这个拉祜族的英雄故事讲给外国学生听,好不好?学生齐声回答:好!教师询问拉祜族学生能否帮助其他民族的学生熟悉扎努扎别的故事,发现拉祜族学生对故事内容了解得不是很准确。

Step 2: 教师制定目标，基于内容需要等为学生设计复合形态的学习方案

Go for it! 8下 Unit 8 Section A 3a-3c 课堂学习方案

一、学习目标

（一）必选目标

1. 基于课前对 Robinson Crusoe 的故事背景和作家信息的了解，阅读并欣赏 Robinson Crusoe 片段（课文部分）。
2. 参加小组活动，用中学生的表达方式介绍拉祜族故事"扎努扎别"的一个片段。
3. 进一步学习现在完成时。

（二）自选目标

1. 进一步拓展对现在完成时与一般现在时、一般过去时和一般将来时的综合理解与运用。
2. 进一步加深对课文中新学、已学词汇与短语的理解和运用。
3. 进一步加深对故事情节和其中表达方式的理解。
4. 学习 Problem-solving（问题解决）的必备条件。
5. 深入学习扎努扎别的故事或其他民族的英雄故事，力所能及地进行跨文化传播。
6. 传播少数民族生态文化观念。

二、学习活动与过程

Period 1

Step 1 Pre-reading

Get to know the task and get to know we can learn how to write our story from the text.

TASK: Write a short part of Zanuzabie for my students in the US, the UK and Canada.

Try to know more about Robinson Crusoe.

Look at the picture and enjoy part of the story.

Step 2 While reading: First reading

Read the text and answer two questions:
1. What does Robinson Crusoe wait for?
2. Why does Robinson Crusoe call the man Friday?

Step 3 While reading: Second reading

Read the text and do Activity 3b and Activity 3c. And then answer three questions:

1. There are at least two problems for Robinson in the text. What are they?
2. How did Robinson Crusoe solve them?
3. Can his way help you make solutions? Why or why not?

Step 4 While reading: Third reading

Read the text and answer one question:

What is the value(价值) of Robinson Crusoe for you?

A. Learn to make our dream come true.
B. Try to get everything ready.
C. Make solutions on key factors(因素).
D. _____

Step 5 Post-reading

Discuss in groups and make decisions.

1. How can we make a solution to our want?
2. What value do you want to put in your story about Zanuzabie?

You can get help about the value of Zanuzabie in this learning proposal.

Step 6 After-class work

Read Zanuzabie after class and choose one part of the five to rewrite into English next class.
You can find the whole story in this learning proposal.

Period 2

Step 1 Pre-reading

Which part of Zanuzabie will you rewrite into English in this class? Join in the group for the same part.

Step 2 Pre-writing

Check your key factors for your solutions. Are they enough? Do you need more help?

Step 3 Pre-writing and Reading

When you write your story, you need to time all the actions. Read the text and find how the actions are timed(确定时间).

Work in pairs. Please check your answer with your partner.

Past (Before he wrote this part of his diary)	Now (When he is writing this part of his diary)	Future (After he wrote this part of his diary)
• When I first arrived on this island		
	But I've found the ship	
		So I will not give up and I will wait for another ship.

Step 4 Pre-writing and Reading

Read the text and find what words and phrases you may use in your writing.

Step 5 Writing

Work in groups and try to write part of *The Story of Zanuzabie*. Try to time the actions. You can get help from the WORD BANK in this learning proposal, from me and the teachers around you, and from your textbooks, dictionaries and so on.

Step 6 Post-writing

Share your group writing. Please give help to other groups after listening to their sharing.

Step 7 Homework

Please make your writings better and then give them to me. I will share your stories of Zanuzabie with my students in the US, the UK and Canada.

Timed Actions in the Text

Past (Before he wrote this part of his diary)	Now (When he is writing this part of his diary)	Future (After he wrote this part of his diary)
●When I first arrived on this island		
●I had nothing		
But I've found the ship		
●and made a small boat		
I've brought back many things I can use—food and drink, tools, knives, and guns.		
Although I've lost everything, I haven't lost my life.		
		So I will not give up and I will wait for another ship.
I've already cut down trees and built a house.		
	I go out with my guns almost every day to kill animals and birds for food.	
	I'm even learning to grow fruits and vegetables.	

•A few days ago, I found the marks of another man's feet on the sand.		
	"Who else is on my island?"	
	"How long have they been here?"	
•Not long after that, I saw some cannibals trying to kill two men from a broken ship.		
•One of them died		
•but the other ran towards my house.		
•I helped him kill the cannibals.		
	This man now lives with me and helps me.	
•I named him Friday		
•because that was the day I met him.		
	He is smart	
and I have already taught him some English.		

扎努扎别

拉祜族人有很多故事，扎努扎别是个英雄，他的故事拉祜族人都知晓，并讲了许许多多年。

他的身躯像高山，他的手掌像平坝，他的腿像大树，他的力气无比大，天下的拉祜族人哟，都佩服他爱戴他。

一寨子人抬不起的东西，扎努扎别抬得起，一寨子人做不完的活计，扎努扎别做得完。

他的办法多，他为拉祜族人做事，他心地善良，他爱天下的拉祜族人。

那时的宇宙哟，天是矮的，地是矮的，人走路头碰着天。

扎努扎别想办法，他用杵棒顶天，天被顶得很高很高，变成了今天的样。

厄沙是天神，是万物的主宰，他来到凡间，召集拉祜族人。

"天下万物是我造，我的功劳大，大小事物要我管，你们要听我的话。"

"新米出来我先尝，瓜果出来我先吃，谁人不听我的话，灾难自会降临他。"

厄沙说完话，就走了，拉祜族人听了厄沙的话，心里都害怕。

拉祜族人去找扎努扎别，厄沙明年要贡品，我们心里害怕，要咋个对付厄沙？

扎努扎别说他会想办法，拉祜族人要团结，拉祜族人要齐心，厄沙不可怕。

厄沙说的话不要听，贡品不能给他，上天没有这样的规矩，上天没有这样的说法。

谷子是我们拉祜族人栽，果树是我们拉祜族人种，我们用勤劳的双手，创造了幸福的生活。

我们每天吃的东西，是靠劳动得来；我们每天所用的东西，是靠劳动得来。

劳动的果实属于我们，拉祜族人的财富属于拉祜族人，勤劳的人能过好日子，懒人只能饿肚子。

厄沙不干活，不该有饭吃，自己吃的东西，要自己去吃苦。

厄沙不能吃贡品，厄沙不能吃瓜果，扎努扎别说得有理，拉祜族人把他的话记在心里。

布谷鸟叫了，播种的季节到了，拉祜族人挖地犁田，谷子种下了。

雨水过后谷子发芽，风吹过后谷子绿了，小瓦雀叫时，谷子黄了。

拉祜族人把谷子收回家，一家人围坐火塘边，有说有笑吃新米，热热闹闹像过年。

厄沙在天上做着梦，梦见拉祜族人给他送贡品，白生生的大米堆成山，新鲜水果几箩筐。

厄沙看得口水淌，用手去抓想尝尝，白米水果都不见了，原是空想梦一场。

厄沙到凡间去看，见人们高高兴兴地过日子，他忙问这是何原因，拉祜族人说扎努扎别是好人，有了他拉祜族人的日子，一天更比一天强。

厄沙气歪了嘴，他去找扎努扎别："我是天神，万物归我所有，你让拉祜族人不上贡，你敢跟我作对？"

扎努扎别听了厄沙的话，心里一点不害怕："天下万物是自生，我们的财富双手造。"

"田地是我们犁，谷地是我们开，好日子我们创造，你不动手怎能白要？"

厄沙没说话，气得眼睛火花冒，他要生诡计，害死扎努扎别。

厄沙又想主意，怎样把扎努扎别置于死地，想过来想过去，心里有了鬼主意。

七个太阳放天上，这是厄沙的毒计，地上热得冒热气，拉祜族人都在叹息。

天气热得火辣辣，拉祜族人不敢出门，田地没有人做，山地没有人犁。

扎努扎别来了，他用笋叶做帽子，戴在头上遮阳光，拉祜族人也学着他的样。

拉祜族人有了笋叶帽，不怕太阳晒，不怕日头毒，不怕天气坏。

田地照样犁，谷子照样种，从那时候起哟，拉祜族人有了遮阳的帽子。

厄沙在天上闲了几天，他想拉祜族人都晒死了，慢腾腾下凡来看，拉祜族人变成什么样？

田地绿油油，山地青丝丝，田地山地上，几个蘑菇在转。

厄沙奇怪了，蘑菇长山中，咋个还会动，他要去看看。

拉祜族人头戴笋叶帽，田里地里忙活计，厄沙下凡来看看，气得跺脚青筋冒。

厄沙大声说："我用魔法惩治你们，让拉祜族人饿死，没有太阳和月亮。"

厄沙把太阳拴住，厄沙把月亮藏起，天变黑了，地变黑了。

天黑了，看不见路，地黑了，看不见路。

人不会种地，人不会犁田，人不会干活，人只会叹气。

天看不见了，地看不见了，山看不见了，水看不见了。

这样的日子过了七天，这样的日子过了七夜，拉祜族人没有快乐，拉祜族人没有欢笑。

扎努扎别来了，人们请他想办法，扎努扎别办法多，任何事都难不倒他。

他从山上砍来松明子，绑在牛角上，点燃松明子，大地变得亮堂堂。
水牛角绑松明，黄牛角绑蜂蜡，水牛角熏黑了，黄牛角熏黄了。
绑着火把的牛哟，去犁田犁地，谷子种下了，这天成了"火把节"。
谷子长高了，谷子成熟了，拉祜族人有了光明，拉祜族人有了欢乐。
厄沙想这回人们该完蛋，正在暗暗得意，谁知地上火把起，拉祜族人正丰收忙。
厄沙放七个太阳，人们有笋叶帽，厄沙藏住太阳月亮，扎努扎别有火把。
厄沙气极了，他藏起地上的水，让拉祜族人没有水喝，让拉祜族人渴死。
扎努扎别有办法，他砍出芭蕉树的水，让拉祜族人喝，厄沙又失算了。
厄沙见此招不行，又生出诡计，他让天上下雨，倾盆大雨下了许多天。
小河涨大水，庄稼淹了，田地淹了，拉祜族人的房屋也淹了。
拉祜族人爬上大树，拉祜族人爬上高山，洪水跟着脚后跟，拉祜族人没处躲。
扎努扎别出现了，他用竹子扎成竹筏，拉祜族人照着他的指点，一个个竹筏扎出来了。
拉祜族人坐在竹筏上，洪水淹不着，牲畜趴在竹筏上，洪水淌不走。
雨停了，洪水退了，拉祜族人从竹筏上下来，种田种地过日子。
多种诡计未得逞，厄沙变换新花招，他和扎努扎别赛跑，看谁先到。
扎努扎别答应了，扎努扎别前面跑，厄沙变成蚊子，趴在扎努扎别的脚上，厄沙赢了。
扎努扎别哟，发觉了厄沙的诡计，心中很生气，他要和厄沙斗到底。
厄沙很得意，拉祜族人斗不过他，贡品都送来，厄沙要享受。
中秋节到了，厄沙来收贡品，扎努扎别用弩射他，一箭射到他的脚上，厄沙带伤逃窜。
厄沙恨得咬牙切齿，发誓要扎努扎别死，厄沙想办法，厄沙打主意。
多种诡计未得逞，厄沙变换新花招，变成一只勐谢科虫，趴在扎努扎别家门口。
扎努扎别回家来，听见吱吱地叫，想去踩死虫虫，虫角戳着他的脚。
他的脚板流着血，疼得在地上乱滚，扎努扎别受伤了，他不能去看拉祜族人。
这时门外来了一个人，白胡子白头发，"扎努扎别心莫急，我有办法帮助你。"
"仁慈的老人啊，勐谢科虫戳我的脚，坐也坐不得，站也站不住，你有什么办法治？"
老人说要用凿子来凿，问扎努扎别怕不怕，扎努扎别说：能治病他什么都不怕。
老人拿出凿子，凿出扎努扎别的肉，凿出扎努扎别的碎骨头，扎努扎别疼得大汗淌。
老人说他是有名的"神医"，没有治不好的病，这里有几包药，用它包伤口。
七天七夜不能打开，保你不疼不痒，七天过后伤口好，你又可以去做事。
诚实的扎努扎别啊，相信了"神医"的话，七天七夜过后，他的脚生蛆烂了。
神医是厄沙变的，包的药是苍蝇蛋，扎努扎别死了，拉祜族人失去了英雄。
闻听扎努扎别的不幸，拉祜族人来了，老人痛哭，女人唱挽歌。
小雀小鸟也来哭，动物也来哭，比绿鸟在脚边哭，啄木鸟在头旁哭。
扎努扎别的血，染红了比绿鸟的脚，染红了啄木鸟的冠子，比绿鸟的脚变红了，啄木鸟的冠子变红了。
拉祜族人埋葬了扎努扎别，他的身躯变成了江河，变成了肥沃的土地，拉祜族人有了家园。
扎努扎别死了，他是为拉祜族人死的，拉祜族人不会忘记他，他的故事年年讲，他的故事代代传。

（本文摘自娜朵主编的《拉祜族民间文学集》，云南人民出版社1996年版）

需要用英文介绍扎努扎别故事的以下段落

请第一组介绍以下内容：
从前，有一个名叫厄沙的天神，他对拉祜族人说："我造了一切，你们应该给我稻米，不然我就惩罚你们。"拉祜族人听了之后很害怕。扎努扎别告诉拉祜族人："厄沙不劳动，我们不给他稻米。"拉祜族人幸福地吃着他们自己种的稻米。

请第二组介绍以下内容：
厄沙在天上放了七个太阳，拉祜族人感到热得难以生存。因为太热，他们不能种地。扎努扎别用笋叶为拉祜族人制作了帽子。拉祜族人又可以种稻谷了。

请第三组介绍以下内容：
厄沙把太阳和月亮藏了起来，天黑了，看不见路。拉祜族人无法种地。山看不见了，水看不见了。拉祜族人无法生活。扎努扎别从山上砍来松树枝，做成松明子，点燃后绑在水牛角上，大地变得亮堂。拉祜族人可以劳动，可以生活，拉祜族人有了欢乐。

请第四组介绍以下内容：
厄沙让大雨下个不停。拉祜族人的庄稼、田地、房屋都淹了。拉祜族人爬上大树，拉祜族人爬上高山，洪水跟着涨上山，拉祜族人没处躲。扎努扎别教拉祜族人制作竹筏。拉祜族人坐在竹筏上，动物趴在竹筏上，洪水淹不走。

请第五组介绍以下内容：
厄沙变成一只虫，藏在扎努扎别家。扎努扎别回家来，虫咬伤了他的脚。他的脚流着血，疼得非常厉害。厄沙变成一个老"神医"，来给扎努扎别治病。他把苍蝇蛋放在扎努扎别伤口上，毒死了扎努扎别。扎努扎别死去了，拉祜族人失去了英雄。

扎努扎别故事意义与价值解读

解读一：
神话故事"扎努扎别"歌颂了巨人扎努扎别敢于与天神厄沙作对，最后虽被厄沙害死，却体现出拉祜族人反抗压迫、至死不屈的坚强性格。
这一故事具有广泛影响，被《影响孩子一生的44个英雄故事》一书收录，成为第24个故事：《拉祜族英雄扎努扎别》。
People should fight against the enemy heroically. 人们应该英勇抗敌。

解读二：
扎努扎别的故事对于全人类的启示在于：人与自然应如何相处。
扎努扎别帮助拉祜族人反抗天神厄沙（神仙体系中大自然的化身）的压迫与剥削，即人类反抗大自然的制约，代表人类从大自然获得自我解放。但是，人类不能一味从大自然索取。扎努扎别最后的去世，也说明拉祜族人最终意识到，从大自然索取的同时，人类也应用自己的劳动和财富回馈自然。拉祜族人用自己英雄的牺牲，将这一道理传达给全人类。

People should help the nature with their work and money. (Human beings should protect the nature with their labour and wealth.)

人们应该用劳作和金钱回馈自然。（人类应该用劳动和财富保护大自然。）

WORD BANK

拉祜族人	Lahu people	扎努扎别	Zanuzabie
厄沙	Esha	天神	a god
造，制造	make (made)	惩罚	punish
他们自己种的稻米	the rice they grew	热得难以生存	too hot to live
笋叶	bamboo shoot shell	藏	hide
松树枝	pine branch(es)	松明子	pine torch(es)
天黑	It got dark.	种地	plant
绑	bind (bound)	水牛角	horn of water buffalos
亮堂	bright	让大雨下个不停	make heavy rains on and on
庄稼	crop	田地	field
淹了	under the water	跟着涨	follow up to
竹筏	bamboo raft	洪水淌不走	Flood can't take them away.
变成一只虫	turn into a worm	咬伤	bite (bit)
流血	bleed	疼	ache
神医	miracle doctor	治疗	treat
苍蝇蛋	flyblow(s)	毒死	poison

三、学习评价

1. 对课文的理解，尤其是对其中现在完成时语句的理解，是否达到预设目标？
2. 在改写扎努扎别故事的时候，是否运用了至少一个现在完成时语句？
3. 课后阅读理解练习活动（三篇人物故事），是否达到预设目标？
4. 是否达到自己设定的学习目标？

上课前10分钟，教师走进教室，下发学习方案，让学生自选学习目标，并强调自我检查学习目标是否达成。之后，教师选择"可选目标"的学生举手，仅6人。教师确定了6人所选内容，然后将这6人编为第五组。其他28名学生分为4组，每组7人。教师请学生调整座位，准备开展学习。

课堂上，学生基于以上学习方案开展学习。教师轮流到每一小组进行指导，到第五组根据所选目标进行个别指导。

学生在第一课时和第二课时前段，顺利完成课文学习，分析了课文中每一语句的时态特征，加深了对现在完成时语句的理解。学生在第二课时开始的15分钟后，进行小组写作活动。教师让学生一人一句写出初稿，然后小组内讨论如何完善。学生完成小组定稿后，通过投影仪展示给全班。全班帮助每一小组进行完善，各小组记录全班建议，课后完善定稿，在下周一之前交给教师。

这两节课鼓励学生采用传播民族文化的方式开展以读促写、读写整合的活动。教师在课前鼓励学生讲述拉祜族的英雄故事、激发传播拉祜族文化的意愿，在课堂上传授如何讲述故事、课后如何完善故事的写作。

上课伊始，教师对愿意介绍拉祜族故事的学生表示感谢，并为每个学生发放拉祜族吉祥物——葫芦，让学生齐声说出：We are all Lahu people, today!

教师询问学生是否做好介绍拉祜族"扎努扎别"英雄故事的准备。学生尝试介绍。教师指出不足之处。教师引导学生学习Robinson Crusoe课文，先从整体和理解开始，模仿电影中"This is MY island."的表达，并学习来自Robinson Crusoe故事中描述行为的"I looked around but saw nothing. I listened carefully but heard nothing."经典语句。之后，让学生回答课文后的问题，检查学生对课文的理解程度。

首先，教师引导学生分析作者Defoe创作Robinson Crusoe故事的初衷以及这个故事所传播的价值取向。其次，教师帮助学生深度理解教材中Problem-Solution这部分内容，如Robinson从船上到岛上时已经带着枪，然后还要带上刀，因为枪可能出现子弹不够的情况，刀的使用则不受限制。据此让学生讨论，如何基于现状寻找解决问题的有效对策。由此，引导学生建立传播中国少数民族文化故事的基本架构：确定故事的价值取向，说明故事中解决问题的方案的有效性，以此形成有效传播。

教师请学生进行小组讨论，确定本组讲述的"扎努扎别"故事片段的价值取向和涉及问题的解决方案。教师引导学生基于第一节课所学，确定每一组的讲述重点。教师检查学生的语言准备情况，发现存在一定不足，然后带领学生分析课文中每一语句的陈述方式，理解课文如何运用现在完成时说明过去发生行为对现在的影响，指导学生运用不同时态讲述故事。接下来，教师请学生再次进行小组讨论，优化本组方案。

教师请各组试讲所写的"扎努扎别"故事片段，全班和教师一同帮助各小组进行优化。之后，教师对故事进行总体点评，并请各组课后根据全班和教师的意见，继续优化故事的讲述，然后正式提交。最后，教师引导学生小结本次的学习收获，包括语言收获、文化收获和思维收获。

三天后，教师收到了该班学生优化过的故事版本。从课后进一步修改完善的故事看，学生对现在完成时理解较为准确，故事中时态运用正确率超过90%，只有极少语句存在时态错误。学生所学故事片段价值取向合理、思维方式明确，有效形成了对中国少数民族文化的传播。

为了帮助学生学习讲故事的策略，并从故事中提炼出有效解决各种问题的方法，这两节课特意对课文中Problem-Solution的思维过程进行了重点分析。在学生讲述故事片段时，也要求其对故事中Problem-Solution的思维过程给出自己的解读。课后的追踪访谈发现，学生收获甚多。该班有部分学生至今仍与教师保持微信联系，经常开展微信互动，就民族文化理解与传播等进行交流。

这一课例显示，若涉及民族文化，学生参与度都比较高，尤其是笔者所展示的课例中，学生的兴奋度远高于其他课例。这就验证了多元文化理论所提倡的使用民族文化作为课程资源的理念，而这样的教学方法就是盖伊所说的"文化响应教学法"。在以上课例中，民族文化能显著促进学生英语学习的积极性，有利于其形成积极的自我概念和民族自豪感，完全可以作为民族地区初中英语课程的基础。

笔者询问学生作为生活在拉祜族自治县的一员，是否无论自己是哪个民族，都愿意传播拉祜族文化，全部学生表示若有机会则愿意参与。当笔者表示确实有机会时，全部选择了参与。这一课例以民族文化认同为基础、以有助于生存发展的英语学习为主要内容、以促进学业发展的目标为指导，通过复合形态的目标、内容、活动、过程和评价过程，有效促进了学生的英语学习。

第二节 民族地区初中英语校本课程复合形态实践

如第二章所述，很多农村初中二年级学生已经确定在初中毕业后不再升入普通高中，而是升入中等职业学校，因此不再需要继续学习英语。这导致他们中的很多人从初中二年级下学期起就放弃了对英语的学习。笔者经调查访谈发现，其主要原因并非学生不喜欢英语，而是教材内容与他们接下来的生活没有密切关联。笔者对贵州一所民族学校初中二年级学生进行了调查，发现同学们对英语电子游戏、英语电影、农家乐英语（尤其是有家族产业的学生）表现出极大的兴趣。经过学校同意，笔者为部分学生开设了"农家乐英语"校本课程。初中二年级的36名学生中，有22名选修了该课程。

笔者先深入农家乐进行了外语需求调查，然后编写了具体的学习内容，并请英国专家审订，最终形成以下知识点。

农家乐英语第一册
Basic English for Village-fun Dining Service

第一季
情境：招揽客人

You speak: 你说：	You hear: 你听到：
Welcome! 欢迎！ My café. 我的小餐馆。 There！就在那儿！ Delicious! 好吃！ Fresh 新鲜 Cheap 便宜 Organic 有机的（不打农药，不用化肥） Farmer's pick 农家精选 Home-made 自家做的，自制的 Local 本地产的 Special 特有的；特产 Unique 独特的，独有的	Good! 好。 Thank you. 谢谢。 Where? 在哪儿？

第二季
情境：招呼客人入座，点菜

You speak: 你说：	You hear: 你听到：
Come in, please. 请进。 Be seated, please. 请坐。 Meat 肉 Pork 猪肉 Beef 牛肉 Mutton 羊肉 Fish 鱼 Chicken 鸡 Duck 鸭 Goose 鹅 Egg 鸡蛋 Vegetable 蔬菜 Doufu / Toufu 豆腐 Rice 米饭 Rice noodles 米粉 Noodles 面条 Corn 玉米 / 包谷	What's this? 这是什么？ What's that? 那是什么？ Is this...? 这是……吗？ Is it spicy? 辣吗？ Is it expensive? 贵吗？ I order this. 我点这个。 I'd like to have this. 我想点这个。 I'd like to try it. 我想尝尝。

续表

You speak: 你说:	You hear: 你听到:
Barbeque 烧烤 Barbeque corn 烤玉米 Corncake 玉米饼 / 包谷粑 Rice cake 米粑 Fern cake 蕨粑 Local smoked pork 腊肉 Fried rice with egg 蛋炒饭 Chopped lotus root 藕片 Minced potato 土豆丝 Radish with rib soup 萝卜排骨汤 Delicious! 好吃! Fresh 新鲜 Cheap 便宜 Organic 有机的（不打农药，不用化肥） Home-made 自家做的，自制的 Local 本地产的 Special 特有的；特产 Unique 独特的，独有的 Spicy 辣 Hotpot 火锅 Side dishes 小菜 / 凉菜 Local liquor 本地白酒 Maotai, Chinese famous liquor 茅台，中国名酒 Local beer 本地啤酒 Orange / apple / pear / watermelon / mango juice 橙 / 苹果 / 梨 / 西瓜 / 芒果汁 Corn / peanuts / walnuts / sweet potato juice 玉米 / 花生 / 核桃 / 山药汁	

第三季
情境：上菜

You speak: 你说:	You hear: 你听到:
Here comes the pork. 猪肉来了。 Here comes Gongbao Jiding. 宫保鸡丁来了。 Sauce 酱油 Salt 盐 Pepper sauce 辣椒酱 Pepper powder 辣椒粉 Pepper oil 辣椒油 Watch out. 小心。 It's very hot. 很烫。 Do you want some more? 还要一点吗？ No charge for more rice. 加米饭不收费。	Thank you. 谢谢你。 Can I have some paper handkerchiefs? 能给我一些餐巾纸吗？ One more pair of chopsticks, please. 请再拿一双筷子。 Two more glasses, please. 请再拿两个杯子。 More beer, please. 再来点儿啤酒。

第四季
情境：结账，告别

You speak: 你说:	You hear: 你听到:
It's fifty-nine yuan. 59 元。 It's two hundred and eighty-three yuan. 283 元。 Give me two hundred and eighty yuan. 给我 280 元。 Just pay for food and drink. 只付饭菜和饮料钱。 No charge for tea. 茶免费。 No tips. 不用付小费。 No extra service charge. 不用另付服务费。 Please come back next time. 欢迎下次再来。 Have a good day. 祝你度过愉快的一天。 Enjoy your trip. 旅行愉快。 Enjoy your stay. 祝你在这里玩得愉快。	How much is it? 多少钱？ Oh, it's expensive. 噢，有些贵。 Wow, very expensive. 哇，很贵哟。 Can you give a discount? 可以打个折吗？ Is there a discount? 有折扣吗？ Thank you. I love the food. 谢谢你，饭菜太可口了。 I like your chophouse. 我喜欢你的小馆子。 Goodbye. 再见。

  基于以上内容，笔者为学生开展了农家乐英语课程的第一课时教学，并请学生周末在自家的农家乐开展实践。笔者带着外国专家先后去了好几家农家乐，学生均能使用所学英语接待外国客人。随后，笔者委托该校教师继续开展教学。据调查，17 名学生完成全部四季课程的学习，其他 5 名完成两季的学习，他们均表示顺利完成了自己预设的目标。教师反馈学生上课很认真，积极反复跟读单词和句子，语音准确度和语句流利度都超过课程规定的程度。

  显然，民族地区初中外语教育可以采用复合课程形式进行。

第七章 民族地区高中英语教育复合形态实践探索

第一节 民族地区高中英语课堂教学复合形态实践

高中是基础教育的最后阶段,其英语教育更是直接关联高考,涉及学生的未来学业发展与人生规划,其重要性不容小觑。但民族地区高中学生的英语基础千差万别,他们未来的大学学业和人生道路对英语的需求也不一致。因此,复合形态的英语教育依然是民族地区高中阶段英语教育的重点。

笔者在宁夏以《英语》(高中,外研版)必修三 Module 1 为内容进行了连续 4 课时的复合形态外语教育实践,发现具有显著成效。具体过程如下。

Step 1:师生协商确定学习目标与内容

上课前一天,笔者与学生见面,带领学生简要预习学习内容,询问学生对所学内容的需求。有学生提出高考考什么就学什么;也有学生表示想了解课文中介绍的欧洲,以及自己对欧洲感兴趣的方面,比如欧洲杯足球赛和足球五大联赛;有学生提到想了解第二次世界大战时的欧洲;也有学生想了解欧洲音乐。教师请全班投票,确定可以补充的学习目标和内容,允许并鼓励全选。学生投票选出第二次世界大战时的欧洲和欧洲音乐作为补充内容。仅 3 人选了足球,在其他同学的要求下,最终放弃了这一内容。

Step 2:教师基于之前的协商,为学生设定复合学习目标

一、语言能力目标

1. 复习并学习一些欧洲国家的首都、语言、著名城市、文化景点等的名词和形容词,以及描述欧洲城市的语句。(必选目标)

2. 阅读介绍欧洲城市的文章,提高社会、文化、历史、地理相关语篇的阅读能力。(必选目标)

3. 学习根据语用目的选择介绍内容,并选择恰当的语言。(自选目标)

二、文化意识目标

1. 大致了解课文所介绍的欧洲城市文化标志性建筑物的名称（必选目标），及其文化价值（自选目标）。

2. 了解欧洲文化发展的地理特性，所介绍城市的地理位置与其文化特性的关联。（自选目标）

3. 简要了解第二次世界大战欧洲战场的大致情形。（自选目标）

4. 简要了解欧洲音乐发展史，尤其是古典音乐发展史。（自选目标）

三、思维水平目标

1. 进一步理解语言选择与语用目的之间的逻辑关系。（自选目标）

2. 尝试理解历史与地理、地理与文化之间的逻辑关系。（自选目标）

Step 3：补充学习内容

教师基于学生需求，在课文之外补充了12篇相关阅读内容，供学生选择阅读。限于篇幅，此处略去。

Step 4：课堂教学

基于自选目标，全班学生可分为两组：以语言内容为主要学习目标的复合目标A组，共34人，其中不少人选择了第二次世界大战和欧洲音乐发展史的语篇作为阅读训练内容；语言内容目标+文化意识目标+思维水平目标的复合目标B组，共12人。教师将复合目标A组的学生编为1~6组，5~6人一组；再将复合目标B组的学生编为第7和第8组，6人一组。各组自由组合，全程相互帮助，促进自定目标的达成。

教师引导学生逐段阅读课文，并预留时间让学生自主阅读自选补充内容。基于分组，教师请学生在4节课时内全程开展1~6组（第1、3、5组与第2、4、6组之间）和7~8组之间的欧洲知识阅读理解竞赛，相互设计基于共同阅读语篇的欧洲知识竞赛试题，然后展开竞赛。竞赛之后，教师请每一组讨论本组稍后会在全班分享的阅读收获，可以是语言层面的分享，也可以是鼓励思想、观点层面的分享。

学生在每节课上都会阅读课文中一个城市的介绍和至少3篇补充阅读材料。在这个过程中，学生不仅提升了阅读水平，更形成了各自独特的阅读体验。在教师的引导下，学生分享了自己的阅读策略和同主题下不同的阅读方法等,第7、8组还分享了以读促写和思维水平方面的一些收获。

课程结束后,学生反馈这种具有很大自主性的复合形态式学习使自己真正学到了想学的内容,显著促进了自我的发展。

第二节 民族地区高中英语课程复合形态实践

正如民族地区外语教育通过初中校本课程所展示出的复合形态学习的优势那样,民族地区高中英语教育更是可以通过高中英语所规定的选修课程形成复合形态的课程体系,更好地促进学生英语学习和核心素养的发展。

笔者在新疆调查时发现,一所学校中一部分学生和该校一位教师对英语演讲有很大兴趣,于是建议开设演讲课。笔者为其提供了丰富的演讲材料,既有 *I Have a Dream* 等经典演讲,也有 TED talk 演讲,供学生选择。教师与学生进行了一个月的实践,学生的语言能力和表达能力都得到了显著发展,自信心也得到了提升。

以下是经典演讲 *I Have a Dream* 的部分内容。

I Have a Dream
Martin Luther King's Address at March on Washington
August 28, 1963. Washington, D.C.

I am happy to join with you today in what will go down in history as the greatest demonstration for freedom in the history of our nation.
...

I say to you today, my friends, that in spite of the difficulties and frustrations of the moment, I still have a dream. It is a dream deeply rooted in the American dream.

I have a dream that one day this nation will rise up and live out the true meaning of its creed: "We hold these truths to be self-evident: that all men are created equal."

I have a dream that one day on the red hills of Georgia the sons of former slaves and the sons of former slave owners will be able to sit down together at a table of brotherhood.

I have a dream that one day even the state of Mississippi, a desert state, sweltering with the heat of injustice and oppression, will be transformed into an oasis of freedom and justice.

I have a dream that my four children will one day live in a nation where they will not be judged by the color of their skin but by the content of their character.

I have a dream today.
I have a dream that one day the state of Alabama, whose governor's lips are presently dripping with the words of interposition and nullification, will be transformed into a situation where little black boys and black girls will be able to join hands with little white boys and white girls and walk together as sisters and brothers.

I have a dream today.
I have a dream that one day every valley shall be exalted, every hill and mountain shall be made low, the rough places will be made plain, and the crooked places will be made straight, and the glory of the Lord shall be revealed, and all flesh shall see it together.

以下是 TED talk 中可汗学院创办人可汗的部分演讲内容：

> **Sal Khan: Let's Use Video to Reinvent Education**
>
> Khan Academy is most known for its collection of videos, so before I go any further, let me show you a little bit of a montage.
>
> So the hypotenuse is now going to be five. This animal's fossils are only found in this area of South America—a nice clean band here—and this part of Africa. We can integrate over the surface, and the notation usually is a capital sigma. National Assembly: They create the Committee of Public Safety, which sounds like a very nice committee. Notice, this is an aldehyde, and it's an alcohol. Start differentiating into effector and memory cells. A galaxy. Hey! There's another galaxy. Oh, look! There's another galaxy. And for dollars, is their 30 million, plus the 20 million dollars from the American manufacturer. If this does not blow your mind, then you have no emotion.
>
> We now have on the order of 2,200 videos, covering everything from basic arithmetic, all the way to vector calculus, and some of the stuff that you saw up there. We have a million students a month using the site, watching on the order of 100 to 200,000 videos a day. But what we're going to talk about in this is how we're going to the next level. But before I do that, I want to talk a little bit about really just how I got started. And some of you all might know, about five years ago, I was an analyst at a hedge fund, and I was in Boston, and I was tutoring my cousins in New Orleans, remotely. And I started putting the first YouTube videos up, really just as a kind of nice-to-have, just kind of a supplement for my cousins, something that might give them a refresher or something.
>
> And as soon as I put those first YouTube videos up, something interesting happened. Actually, a bunch of interesting things happened. The first was the feedback from my cousins. They told me that they preferred me on YouTube than in person.

两篇演讲的主题、语言风格和难度差异很大，可满足不同水平、不同学习目标、不同内容偏好学生的需求。复合形态的英语教育可促进学生英语学习的发展——这一点再次被实践证明。

第八章 民族地区中小学英语教育复合形态区域性实践探索

第一节 民族地区中小学英语教育复合形态区域性发展计划

民族地区教育随着社会的发展而发展，基于本地具体情况而逐渐展现出自身的独特需求和特色。实践发现，复合形态可以将二者有效结合，促进教育的区域性发展。本章将以笔者为鄂尔多斯市编制的中小学英语教育发展建议为例，介绍民族地区中小学英语教育复合形态区域性的实践探索。

鄂尔多斯作为我国西部地区社会经济发展独具特色的地区，教育事业进步显著，教育质量大幅提升，已经进入内蒙古自治区基础教育质量的第一方阵。然而，鄂尔多斯基础教育质量尚未成为内蒙古自治区的领头羊，尤其是其英语教育质量，尚与呼和浩特市和包头市有着不小差距，而这与鄂尔多斯的社会经济发展地位显著不相称。同时，鄂尔多斯基础教育质量，尤其是英语教育质量，与我国教育发达地区尚有较大差距，学生的英语语言能力、跨文化交际能力、综合素养、思维水平等，都远不及北京、上海、广州，甚至青岛、大连等地区的学生。学生的英语成绩亦有显著差距，这不仅制约了其在学业上的发展，也制约了其走出国门、进入世界一流大学学习的机会。英语教师的教学能力和自身英语文化水平也存在不足。在鄂尔多斯市内，各旗区、各学校之间，英语教育水平也存在显著差异，这也成为制约整个鄂尔多斯市基础教育质量的一个重要因素。

为此，笔者应邀带领北京外国语大学等院校专家，对鄂尔多斯市英语教育进行全方位会诊，并负责设计编制以草原雄鹰展翅翱翔之意命名的"雄鹰计划"，全面提升鄂尔多斯英语教育质量。"雄鹰计划"旨在实现鄂尔多斯市英语教育的腾飞，全方位缩小鄂尔多斯市英语教育与其他教育发达地区的差距，在英语教育领域率先实现教育公平。下文将对该计划进行具体分析。

一、"雄鹰计划"之目标

"雄鹰计划"是针对鄂尔多斯英语教育事业发展与鄂尔多斯社会经济发展不平衡现象而制订的,其目的在于全面提升鄂尔多斯基础教育中英语教育的质量,使之符合鄂尔多斯社会经济发展需要,为鄂尔多斯基础教育成为内蒙古自治区的领头羊奠定学科基础,为鄂尔多斯学生进入国际、国内名校奠定综合基础(表8-1-1)。

表8-1-1 "雄鹰计划"目标及评价指标

编号	目标	评价指标
1	用3~5年时间,使鄂尔多斯小学、初中和高中学生的英语能力进入全国第一方阵	1.组织北京、上海、广州、深圳、鄂尔多斯中小学英语五城联展,鄂尔多斯学生在多项目中获得第一。 2.组织学生参加全国多种英语竞赛活动,鄂尔多斯学生获得一等奖。 3.组织学生代表中国参加"一带一路"国家中小学英语能力展示,鄂尔多斯学生获得优异成绩。 4.组织学生参加国际活动,鄂尔多斯学生获得优异成绩
2	用3~5年时间,使鄂尔多斯中小学英语教师教学能力进入全国第一方阵	1.组织北京、上海、广州、深圳、鄂尔多斯中小学英语教学能力与专业能力五城联展,鄂尔多斯英语教师在多项目中获得第一。 2.组织鄂尔多斯英语教师参加全国多种英语教学展示活动,鄂尔多斯教师获得一等奖。 3.组织教师代表中国参加"一带一路"国家中小学英语教学联展,鄂尔多斯英语教师获得优异成绩。 4.鄂尔多斯英语教师发表教学论文100篇、著作2部,在全国学术会议宣读论文30人次
3	用3~5年时间,在鄂尔多斯建设一批英语特色教育学校	1.在每一旗区,建设至少一所小学英语特色教育学校。 2.在每一旗区,建设至少一所初中英语特色教育学校。 3.在全市每一所小学、初中,建设至少一间英语特色教育教室。 4.在全市小学、初中每一个班级,建设至少一个英语特色教育书架。 5.每年至少举办一次校级、旗区级、市级英语节
4	用3~5年时间,为鄂尔多斯培养一批具有创新能力和国际视野的英语特色教育学校管理者	1.在每一旗区,培养至少2名英语特色教育管理者(主管副校长,或者英语教研组长)。 2.在全市每一所小学、初中,培养至少1名英语特色课程管理者(英语教研组长)。 3.在全市小学、初中每一个班级,培养至少1名英语特色学习管理者(英语学科班长)

二、"雄鹰计划"课程体系

"雄鹰计划"课程体系的主体是面向教师和管理者的课程体系，分为三类课程：讲授课程（Lecture Courses）、活动课程（Activity Courses）和研训课程（Coaching Courses），以下简称 LAC 课程体系（表 8-1-2）。

讲授课程将聘请国内著名专家、英语国家著名教师培训专家，为教师讲授英语课程与教学相关理念，深度、详细、全面、系统地解读教材，介绍教师急缺的英语国家社会文化知识，讲授提升教师英语口语能力、口语教学能力所必需的英语语音与拼读规则等基础内容，使英语教师掌握必备的理论基础，形成英语教师全面专业发展的起飞力。

活动课程将以工作坊的形式展开，组织教师开展具备操作性的教学方法与技巧训练，尤其是英语特色活动组织与开展的方法与技巧训练，并发展其命题能力、信息技术运用能力、教育科研能力等，使英语教师成为活动的理解者、实践者、开发者，教学资源的使用者、开发者，并掌握相关技能，培育英语教师全面、专业发展的翱翔力。活动课程是 LAC 课程体系中最为重要的部分，也是 LAC 课程体系与国内现行国培、省培等教师教育项目最大的不同，即 LAC 是以活动为中心、以课堂为工作坊场地、以临床解剖式为培训模式的课程体系。

研训课程是以长期在线学习为主、面对面指导为辅的课程，将选择北京外国语大学等机构开发的网络在线课程，引导老师长期在线研修发展，形成 Anywhere、Anytime 都可以进行的研修课程，形成英语教师专业发展的续航力。

这一课程体系转化为英语教师的英语课堂教学能力，则体现为教学体系，简称 LAC 教学范式。

表 8-1-2 "雄鹰计划"课程体系

鄂尔多斯英语教育质量全面提升课程体系

讲授课程 Lecture Courses	活动课程 Activity Courses	研训课程 Coaching Courses
英语课程改革与教材理念 教材使用方法 英语国家文化知识基础 英语语音与拼读规则	小、初、高词汇教学方法与技巧 小、初、高口语教学方法与技巧 小、初、高语音教学方法与技巧 小、初、高听力教学方法与技巧 小、初、高阅读教学方法与技巧 小、初、高写作教学方法与技巧 小初高衔接教学方法与技巧 初三复习教学方法与技巧 课外活动组织方法与技巧 学习兴趣培养方法与技巧 大班课堂管理方法与技巧 形成性评价方法及技巧 教师口语提升活动课程 教师命题能力提升活动课程 教师信息技术提升活动课程 **活动类型** ·英语节（校级、旗级、市级） ·模仿秀（教师电影模仿秀、学生课文模仿秀）（校级、旗级、市级） ·故事会（英语国家故事会、世界故事会、中国传统故事会、蒙古族故事会）（校级、旗级、市级） ·演讲（校级赛、旗级赛、市级赛、全区邀请赛、全国邀请赛、国际赛） ·英语戏剧（旗级汇演、市级汇演、全区展演与参赛、全国展演与参赛、国际展演与参赛） ·英语创作（故事、诗歌、散文、绘本）（校级、旗级、市级） ·英语单词拼写（校级、旗级、市级） ·英语书法（校级、旗级、市级） ·英语歌曲（校级、旗级、市级） ·LAC教学范式展示（校级展示、旗级展示、市级展示、全区邀请展示、全国邀请展示、国际邀请展示）	有效课堂教学研训课程 教师口语能力研训课程 教师科研能力研训课程 英语特色教育管理研训课程

三、条件基础

"雄鹰计划"的开展与实现需要一定的条件基础,主要为:

(1) 鄂尔多斯市教育局的领导。

任何事业的开展都离不开领导,"雄鹰计划"亦如此。鄂尔多斯市可参考重庆市南岸区课程改革办公室机制,组建相关局长牵头、实施单位领导具体负责、相关专家提供学术保障的机制。

(2) 相关活动的组织开展。

LAC课程体系的核心是活动课程,也是"雄鹰计划"的基础、中心。这些活动需要相应的组织与开展作为基本保障。

(3) 学术机构的支持。

外语特色学校建设需要各相关学术机构的多方面支持,如中国教育学会、中国外语教育研究中心、中国民族师范教育研究中心等。

第二节 民族地区中小学英语教育复合形态区域性发展措施

经调查研究,笔者为鄂尔多斯市"雄鹰计划"设计了具体发展性措施。

一、进一步提升鄂尔多斯市中考英语试题命制质量

基于《义务教育英语课程标准》,对鄂尔多斯市2015年中考英语试题的分析可以发现,试题总体上较好地把握了《义务教育英语课程标准》的要求,但尚有以下方面可以进一步完善。

1. 题型设置

鄂尔多斯市 2015 年中考英语试题包括听力、完形填空、阅读理解、补全对话、选词填空、任务型阅读、补全语句和书面表达 8 种题型。其中，任务型阅读和补全语句与《义务教育英语课程标准》建议的题型有显著差异，语句转化与翻译等也与《义务教育英语课程标准》的要求有差异。而且，写作试题与新高考写作题型有显著不同，不仅分值比例远低于高考，而且写作能力要求也存在差异。

基于《义务教育英语课程标准》的要求，更基于"雄鹰计划"的目标和新高考的能力要求，鄂尔多斯市 2015 年中考英语试题的任务型阅读题型、补全语句题型、写作题型等都可以进一步完善。因此，我们建议按照《义务教育英语课程标准》的任务型阅读题型的要求设计任务型阅读；建议将补全语句整合到写作之中，扩展为 20 分的写作题型。其中 5 分为应用文写作题型，15 分为读写题型。

2. 试题设计

鄂尔多斯市 2015 年中考英语试题设计的总体质量虽与鄂尔多斯英语教学质量大体相符，但对于促进鄂尔多斯英语教育质量的全面提升，尚有一定差距。

以试卷第听力部分的试题为例。听力第 1~5 小题为图片题——听语句，选择相关图片。此种试题设计与初三学生的认知发展水平有显著差距。听力第 6 小题（全卷第 1 个文字小题）的设计也有明显不足。

录音材料：

6. M: Number Six: I will fly to Shanghai for my holiday next week.

W: I will fly to Shanghai for my holiday next week.

选项：

6. A. Have a good time. B. It's my pleasure. C. That's right.

首先，男女分别朗读录音，而语句为第一人称，这不符合试题设计的语用真实原则。其次，选项 B 与内容无任何关联，不能构成任何干扰，不具有测试价值。最后，选项 C 有一定干扰性，但远不如 That's good. 干扰性大。这说明试题质量有待全面提升。

3. 语言质量

英语试题的语言质量是英语试题效度的最根本基础。若语言不真实，测试就难以真实、准确。所以，试题的语言质量一直是我国英语试题设计的难点。鄂尔多斯市 2015 年中考英语试题的语言质量也不例外，举例如下。

66. 这辆二手车花了我至少 500 美元。

The second-hand car cost me ＿＿＿＿＿＿＿＿＿＿ ＄500.

车已经购买，钱已经花了，显然是一个明确的数字，而 at least 表示的是一个不明确的范围。显然，试题没有真正体现 at least 的真实语用形态。

从语用真实性出发，此题应修改为：

66. 这辆二手车可能要花费我至少 500 美元。

The second-hand car may cost me ＿＿＿＿＿＿＿＿＿＿ ＄500.

为此，笔者建议：在"雄鹰计划"的指导下，我们要进一步完善鄂尔多斯市中考英语试题的设计，全面落实《义务教育英语课程标准》的教育与评价理念和要求，真正实现"促进学习的评价"的理念，使中考成为促进鄂尔多斯英语教育质量提升的同盟军。

二、组织开展鄂尔多斯中小学英语节活动

为了全面提升鄂尔多斯市英语教育质量，创造学习英语、运用英语的有利环境，实现通过英语学习提升学生综合人文素养、思维水平等目标，特建议鄂尔多斯市组织开展全市中小学英语节。

1. 英语节层次

英语节分为三级。

（1）校级：每一小学、初中，均应组织开展校级英语节活动，英

语特色学校应组织开展英语节开放日，对优胜学生颁发校级奖状。

（2）旗区级：每一旗区，都应组织开展旗区级英语节，保证本旗区每一学校都有学生参加，对优胜学生颁发旗区级奖状。

（3）市级：鄂尔多斯市应每年举办一次中小学英语节，保证每一旗区都有学生参加，对优胜学生颁发市级奖状。同时邀请相关城市学生组团参加汇展活动。

2. 英语节主要活动

（1）模仿秀。

组织教师参加英语电影模仿秀，学生参加课文模仿秀。此为英语教师全员活动。学生活动从班级开始，全体学生参加。然后开展校级、旗区级、市级模仿秀，并在市级活动中，要求相关城市学生组团参加。

（2）故事会。

开展英语国家故事会、世界故事会、中国传统故事会、蒙古族故事会，并进行"十大英语故事大王"的评选。此为英语教师全员活动。学生活动从班级开始，全体学生参加。然后开展校级、旗区级、市级故事会，并在市级活动中，要求相关城市学生组团参加。优秀故事可作为"中国文化走出去项目"中的内容被特别推荐。

（3）演讲。

开展英语演讲活动。教师全员参加。学生活动从班级开始，全体学生参加。然后开展校级、旗区级、市级演讲赛，并在市级活动中，同时组织全区邀请赛、全国邀请赛，并选拔和支持学生参加国际中小学生演讲活动。

（4）戏剧。

开展英语戏剧汇演。每一小学、初中，均成立英语戏剧社。活动从班级开始，全体学生参加。在校级文化节进行汇演，然后组织旗级汇演、市级汇演，同时选拔并组织全区展演与参赛、全国展演与参赛、国际展演与参赛。

（5）英语创作。

开展英语创作活动，内容可包括故事、诗歌、散文、绘本等。教师全员参加。学生从班级活动开始，全体学生参加。然后组织校级、旗区级、市级英语创作竞赛。

(6) 英语单词拼写。

开展英语 Spelling Bee 活动。教师全员参加。学生从班级活动开始，全体学生参加。然后组织校级、旗区级、市级英语单词拼写竞赛。在市级活动中，同时组织全区邀请赛、全国邀请赛，选拔并支持学生参加国际中小学生单词拼写活动。

(7) 英语填词。

开展英语国家传统的填词活动。教师全员参加。学生从班级活动开始，全体学生参加。然后组织校级、旗区级、市级英语填词竞赛。在市级活动中，同时组织全区邀请赛、全国邀请赛，选拔并支持学生参加国际中小学生填词活动。

(8) 英语书法。

开展英语书法活动。教师全员参加。学生从班级活动开始，全体学生参加。然后组织校级、旗区级、市级英语书法竞赛。

(9) 英语歌曲。

开展英语歌曲演唱活动。教师全员参加。学生从班级活动开始，全体学生参加。然后组织校级、旗区级、市级英语歌曲竞赛。

(10) LAC 教学范式展示。

组织全员教师参加 LAC 教学范式展示，校级进行选拔，然后进行旗区级展示、市级展示、全区邀请展示、全国邀请展示、"一带一路"国家邀请展示、国际邀请展示。

3. 组织

英语节由市教育局统一组织，各校、各旗区按照规定组织本单位活动。以上 10 类活动，全市至少每年一次，各校、各旗区根据自身情况决定。每一活动具体操作流程、规范等，由组委会统一编制，各单位按照具体情况组织实施。需要邀请其他城市或国外学生、教师参加的活动，需提前一年向有关方面申请。允许各地根据实际需要，组织一定的学习活动。组委会将组织英语夏令营活动，并邀请国际学生和教师参加。

第九章 民族地区外语教育非对称双语模式探索

第一节 民族地区中小学生英语学习困难分析

从1949年起，我国基础教育发展迅速。但由于我国少数民族地区与其他地区社会经济发展不均衡，少数民族地区外语教育（此处以英语教育为例）依然存在诸多不足。英语依然是很多少数民族地区学生认为最困难的学科，英语学习也严重制约着他们的学业发展和人生发展。"民族教育发展仍面临一些特殊困难和突出问题，整体发展水平与全国平均水平相比差距仍然较大"，这已经成为实现"建设全面小康社会"目标亟待解决的问题。为此，国家《关于加快发展民族教育的决定》要求"坚持缩小发展差距。坚持民族因素和区域因素相结合，完善差别化区域政策，分区规划，分类指导，夯实发展基础，缩小发展差距，促进教育公平，决不让一个少数民族、一个地区掉队，推进民族教育全面发展。坚持结构质量并重。适应区域发展总体战略和'一带一路'建设需要，优化教育结构，科学配置资源，提高教育质量，提升少数民族地区学生就业创业能力和创造幸福生活能力，促进民族教育与经济社会协调发展。[①]" 探索少数民族地区基础教育阶段英语教育走出困境、实现发展的有效路径，成为当下亟待突破的课题。

---

① 国务院. 加快发展民族教育的决定[Z]. 中国民族报，2015(8).

一、民族地区中小学生英语学习困难的阶段性特性

我们通过访谈、比较民族地区与教育发达地区中小学生英语学习的现状后发现，民族地区中小学生普遍存在英语学习困难的现象。

我们通过对小学、初中、高中英语学习特别困难的学生进行深度访谈（个人访谈时间均在半小时以上）后发现，少数民族地区学生英语学习困难的普遍现象表现为：起步艰难，越学越难。

1. 起步艰难

我国基础教育阶段的英语课程基本从小学三年级开始。民族地区城镇小学基本从三年级开设，乡中心校也大多从三年级开设，但村教学点基本不开设，若开设，也基本从三年级开始。

访谈发现，68%的学生从三年级开始就出现学习困难，甚至有学生说第一节英语课就感到很难学，因为学生在三年级第一节英语课上要学的是之前从未接触过的新内容，而且是全英文教材。不少学生指出，尽管教师上课时大量使用汉语，但教材全部是英文的，课后无法自主学习，而且每周两课时的学习时间不足以使他们记住所学内容。

图 9-1-1 为我国民族地区广泛使用的人民教育出版社小学英语教材《英语》（三年级上学期）学习内容的第一页。在我们访谈的 7 名三年级学生中，只有 1 人表示记得并能完整朗读、解释本页内容，其余 6 人只能读出部分语句，或部分语句的一部分内容。

访谈对象表示，不明白学校远处的房子和树木、花朵的语境作用，不理解人物头发颜色的语境作用，更不理解左上角、右上角卡通形象的意图，看不懂孩子们衣服上的小恐龙、灯笼裙、小短外套想要传达的意思，甚至疑惑为什么有的学生不背书包。

全新的学习内容、全英文的教材，使小学生在英语学习的第一课开始就出现很多困难。通过对三年级某班的调查，我们发现不能理解教材内容、不记得所学内容的现象普遍存在。

我们在对照性访谈中发现，以上内容对于教育发达地区学生来说虽然也是新内容，但由于有家长辅导和课外学习的机会，接受一门新

语言的同时学习新的内容，对他们来说不构成显著困难。

图 9-1-1 Unit One 学习内容

2. 越学越难

调查发现，在小学生所有薄弱的科目中，英语是第一名。有 36.65% 的小学生认为英语是所有科目中最难学的，主要原因是小学英语教师人员不足。虽然大部分学校开设了英语课程，但英语教师基本上是其他科目的教师兼职担任，缺乏英语专职教师的现象在农村学校十分普遍。这样的兼职教师既缺乏相应的英语专业素养，也不注重学习方法的引导，往往是为了完成课堂教学时间而应付了事。有些农村学校由于缺少英语教师，甚至没有开设英语课程。再加上缺乏相应的语言环境与文化背景，教师往往照本宣科而不关注教学方法，把英语当成知识来教，严重违背了语言学习的规律。学生不仅学起来吃力进而产生厌学情绪，而且英语学业成绩也普遍不理想。相当比例的学生在小学阶段就没有打好英语基础，进入初中或高中阶段后根本无法跟上英语学习的进度，甚至有部分学生放弃了英语的学习，英语考试时全靠猜，这也是民族地区英语高考成绩一直不理想并与其他地区差距较大的主要原因。

英语也是初中生学业考试成绩中最薄弱的科目，教学问题也比较突出。根据我们的实际调查，接近30%的初中生认为英语是所有学科中最难的一科。相当比例的初中生的英语考试成绩不理想，有些学生甚至放弃了对英语的学习。再加上英语教师授课时方法的不正确，在枯燥无味、死记硬背的学习过程中，学生完全找不到学习的感觉与乐趣，所以学习兴趣也是所有科目中最低的。

英语更是高中生认为最具挑战性的学科，也是高中最薄弱的学科。黔西南州高考平均分仅50多分，及格率仅11%；高中学业水平考试，英语D等率最多。

从小学到初中，再到高中，少数民族地区中小学生英语成绩总体大幅度下滑。被访学生三年级英语平均成绩可以达到70分左右（百分制），到初中则在50分左右（百分制），而到高中只能达到30多分（百分制）。

二、民族地区中小学生英语学习困难的主要症结[①]

导致少数民族地区学生英语学习成效不断恶化的原因主要有教材原因、教学原因和考试原因。

1. 教材原因

任何学习过程都是从已知到新知的学习过程，外语学习亦如此。但英语对于我国学生而言，已知太少，从而导致了建构新知不易的困局。调查发现，少数民族地区中小学生对英语教材内容很不熟悉，英语语言的学习更加困难。当学习内容本身为我国学生未知的英语国家社会文化内容时，学生要同时兼顾语言和文化知识两个层面，难度当然会增加，如课文内容是澳大利亚某一小城镇变迁历史的社会文化原因分

---

① 此处数据曾从中华文化在英语教育中的运用视角进行分析，两种视角分析结论一致。

析，这对少数民族的学生来说属于未知内容，他们需要学习相关词汇和语法结构等语言知识，发展建构因果联系的阅读理解能力，同时还要熟悉澳大利亚社会文化相关背景——这一类的课文对他们来说难度非常大。我们就此对少数民族学生进行了访谈，形成以下发现，具体如表 9-1-1、图 9-1-2 所示。

表 9-1-1 / 英语学习内容对少数民族地区学生的难易度

项目	很难	比较难	比较容易	容易	很容易	合计
全英文环境下英语语义学习的难度	9 (7%)	20 (15%)	14 (10%)	54 (40%)	38 (28%)	135 (100%)
全英文环境下英语社会文化语境学习的难度	29 (21%)	16 (12%)	36 (26%)	29 (21%)	27 (20%)	137 (100%)
全英文环境下英语社会文化语用学习的难度	45 (33%)	33 (24%)	26 (19%)	20 (15%)	13 (9%)	137 (100%)
全英文环境下同时学习英语语义和文化语境、文化语用知识的难度	61 (41%)	55 (37%)	20 (14%)	7 (5%)	4 (3%)	147 (100%)

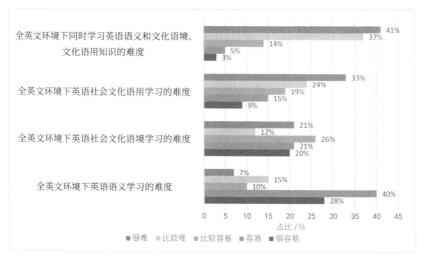

图 9-1-2 英语学习内容对少数民族地区学生的困难度

基于以上数据可知，在全英文环境下学习英语语义时，认为很难的学生仅占 7%，认为比较难的占 15%，认为容易和很容易的达到

68%；在全英文环境下学习英语社会文化语境知识时，认为很难的比例增加到21%，认为容易和很容易的达到41%；在全英文环境下学习英语社会文化语用知识时，认为很难的增加到33%，认为容易和很容易的下降到24%；在全英文环境下同时学习英语语义和文化语境、文化语用知识时，认为很难的增加到41%，认为比较难的占37%，二者之和达到78%，认为容易和很容易的仅占8%。显然，英语学习的难点不在于语义，而在于英语国家社会文化的语境和语用。

为规避学习上的双重难度，我国现行中小学教材主要选择我国学生熟知的日常生活话题（如天气、上学等）为学习内容，与其相关的词汇、语法等语言知识和语言技能的培养，也都围绕这些内容展开，这有效降低了学习内容的难度。但对于少数民族地区学生而言，这些内容都是以城市生活为背景的，和民族地区日常生活关系不大，课后实践存在困难。

对照发现，教育发达地区学生也认为以上学习内容比较困难，但比例低于少数民族地区学生。更为重要的是，教育发达地区学生具有非常良好的课后补习环境和充足的时间，这可以在一定程度上减少这些"新知"带来的困难。

2. 教学原因

我们调查发现，少数民族地区学生英语学习出现起步困难和不断恶化的原因之一在于英语课堂教学缺乏民族学生优势内容，这使他们只在不具备优势的领域开展英语学习。这成为制约他们英语学习的基础因素。

我们对维吾尔族学生进行访谈和教学时发现，初中一年级的学生非常喜爱唱歌、跳舞、乐器演奏，但英语课的教学仅停留在讲解教材内容、开展词汇和语法训练上，很少有唱歌、跳舞、乐器演奏的教学形式，甚至很少涉及这些领域。这导致受访的初中一年级学生普遍存在学习困难的情况，甚至有不少学生对英语产生厌恶情绪。

3. 考试原因

经调查发现，少数民族地区有些中小学生英语考试成绩很差，但与他们交谈、请他们展示英语能力时，他们的表达能力与考试成绩很不一致。五年级某班中，有 20 多名学生在课堂上开展了自创的英语抖音表演，尽管内容比较重复，但这些学生都能流利地进行表达，但他们的英语考试平均成绩却只有 40 多分。这显然是因为考试没有纳入学生用英语进行表演这一部分内容，而只是进行书面考核，其考核内容也只涉及词汇语法知识、阅读理解、看图写词等内容。学生在表演中所运用的词汇和语句，在考试中没有任何体现，即所考非学生所能。

第二节 民族地区外语教育非对称双语模式的可能

经过在民族地区中小学开展英语教学 380 多课时、15000（学生）人次参与，课外活动 200 多小时、30 万（学生）人次参与，笔者探索出一条可能的教学路径——非对称双语路径。

一、非对称的内涵

非对称一词没有出现在我国《现代汉语词典》中。其在各种学术研究的定义中主要是指图形或物体对某一点、直线或平面而言，在大小、形状和排列上所表现出的差异性。英语权威词典 Oxford Dictionary of English 对"非对称"（Asymmetric）一词的解释分为日常语义和专业语义，具体为：

asymmetric[https://www.oxfordlearnersdictionaries.com/definition/english/. 20200302 retrieved.]

（1）having two sides or parts that are not the same in

---

① https://www.oxfordlearnersdictionaries.com/definition/english/. 20200302 retrieved.

size or shape

Most people's faces are asymmetric.

(2) (specialist) not equal, for example in the way each side or part behaves

Linguists are studying the asymmetric use of Creole by parents and children. (=parents use one language and children reply in another)

Terrorism is a response to asymmetric warfare. (= between forces with very different sizes, weapons or methods)

Pilots need training in asymmetric flying. (= when only one of two engines is working)

由此可知，非对称是指各部分以不对等的大小、形状、容量、方式等呈现，构成一个整体，共同作用。因此可以确定，非对称是复合形态的一种形态，甚至可以说是复合形态的基本形态，即复合形态中各部分以不对等的大小、形状、容量、方式等呈现，构成一个整体，共同起到复合性作用。

基于对多领域概念的提取，笔者发现，非对称是人类自身与社会普遍存在的形态：解剖学显示，人体本身就是一个非对称结构[1]；建筑也经常是非对称结构[2]；在雕塑界，非对称是一种常态[3]；量子通信也具有典型的非对称特性[4]；社会结构不仅是非对称的，而且其非对称形态本身亦不断变化[5]；企业管理的主要形态都是信息非对称的形态[6]；货币政策的非对称方才能形成更大效益[7]；军事、密码也是以非对称为基本形态[8]。可以说，大自然的基本形态就是非对称形态，或许，整个宇宙的基本形态也是如此。

---

[1] 李振平，刘武顺. 论人体解剖学中的几对矛盾关系 [J]. 山东医科大学学报（社会科学版），1995(1)：25-27；苏中静，陈海滨，张锦堃. 和谐的人体——有感于人体结构的科学和完美 [J]. 西北医学教育，2006，14(6)：792-793.
[2] 吕清天. 高层建筑筒体结构约束扭转的分析 [D]. 北京：中国农业大学，2000；肖芳. 异形柱正截面承载力研究及异形柱框架结构计算机辅助设计 [D]. 长沙：湖南大学，2001.
[3] 王晨. 论西方现代雕塑多位空间的视觉表达方式 [D]. 西安：西安建筑科技大学，2001.
[4] 杨晨. 非对称量子通信的理论研究 [D]. 西安：西安工程大学，2019.
[5] 苏流芳. 当代中国社会结构转型研究 [D]. 北京：中共中央党校，2018；方兰欣. 社会结构、社会关系和文化类型的内在逻辑 [D]. 北京：中共中央党校，2017.
[6] Auronen, Lauri. Asymmetric Information: Theory and Applications [M]. Helsinki: Helsinki University of Technology, 2003.
[7] 黄敏. 我国货币政策非对称效应研究 [D]. 上海：复旦大学，2012；杨恩. 我国货币政策效果非对称性研究——来自1996—2009年的经验证据 [J]. 金融评论，2010，2(4)：112-122；126.
[8] Blank, Stephen J. Rethinking Asymmetric Threats[M]. PA: Strategic Studies Institute, U.S. Army War College, 2003.

二、民族地区外语教育
非对称双语教育模式

基于以上分析，我们尝试把全新的英语学习（语言内容全新、语言形式全新）转化为渐新的英语学习，即从学生已知语言内容学习新的语言形式，然后用新的语言形式学习新的语言内容。全新学习与渐新学习，逐步增加新内容，促进学生基于已知学习新知、基于已能发展新能。同时，我们开展多学科的有机整合，让学生在丰富多彩的学科学习中学习英语。

总结这 3 年多的民族地区中小学英语课堂实践，我们初步凝练出少数民族地区外语教育的一种可能形态：非对称双语教育模式。需要说明的是，双语教育本身并没有严格要求其必须是双语对称，它也可以以学生已掌握的第一语言为基础，以发展学生第二语言为目标[1]。在双语教学的实际操作中，基本都是两种语言对等呈现或以已掌握语言对等翻译目标语言，这种方式总体上表现为对称性。如在幼儿园，用布依语翻译卫生常识，帮助那些只掌握了布依语的布依族幼儿养成目标设定的卫生习惯，而不是用布依语讲解卫生知识，再以较少汉语进行发展性学习；再如在小学一年级，用藏语翻译数学内容帮助藏族学生学习数学，而不是直接根据藏族文化进行数学概念的讲授，然后以较少汉语进行发展性学习，等等。笔者发现，这种对等翻译方式对少数民族学生具有很大挑战性，因为其民族语言中或许没有相关概念，所以导致其无法理解所翻译的内容，或者已有生活经验不足以支撑民族地区学生理解所翻译的内容。笔者发现，非对称双语教育是民族地区外语教育中复合形态的一种有效实施形式。

这里的非对称双语模式是指以大量的民族语言或学生已掌握的语言进行主题学习，辅助目标语言（这里主要是英语）的发展性学习，即已掌握语言的主题学习材料内容远多于外语学习材料，大约为 10∶1 的比例。若已掌握语言学习材料为 10000 字（词），外语学习材料则

---

[1] 哈经雄, 滕星. 民族教育学通论[M]. 北京：教育科学出版社, 2000.

不超过 1000 词，而且内容为同一主题。已掌握学习材料为基础性学习内容，外语学习材料为发展性学习内容，以此构成非对称双语。显然，非对称双语不是双语的否定，或者说非对称双语并非否定双语模式，而是对双语模式的发展，更为突出强调双语教育模式的非对称性。非对称双语可以是学生已掌握的民族语言与外语，也可以是学生已掌握的汉语与外语，甚至可以是学生已掌握的民族语言与汉语的非对称形式。

民族地区外语教育非对称双语教育模式的非对称主要表现为以下形态。

1. 学习内容非对称

英语学习起始阶段是培养学生英语学习兴趣非常重要的阶段，也是英语最终实现有效学习的奠基阶段。调查发现，起始阶段英语教材的内容皆是婴儿语言的内容，如 Hello. Hi. What's your name? What's this? How many apples? 等，远远低于正从儿童步入少年阶段的 9 岁学童的认知水平。这些学习内容使学生难以形成长期记忆所需要的深刻印象，无法促使学生在时间、精力和情感等方面投入，难以激发他们积极、主动参与学习的兴趣，也较难达成具有成就感的学习结果。

为此，我们采用非对称模式，通过汉语或少数民族学生的母语，为学生呈现足以激发其学习愿望且适合其心理、生理发展阶段的学习材料，使他们可以有意义地开展学习。如在让四年级学生学习 Rainbow Song 这首非常简单的英语歌曲时，我们将这首歌与科学课学习内容进行整合，用汉语为学生提供丰富、具有挑战性的彩虹颜色观察分析科学实验课，同时学习这首歌曲。学生不仅以极高的兴趣掌握了彩虹颜色形成的科学原理，同时也学会了这首英语歌曲。更为重要的是，一年以后调查发现，这首歌曲已经完全进入学生的长期记忆。

2. 学习目标非对称

鉴于学习内容的非对称，我们设计了不同的学习目标，如汉语材料要求学生理解彩虹颜色的形成原理并能亲手制作彩虹，但英语材料只要求学生学会演唱这首英语歌曲，并记住相关颜色的单词。

3. 学习活动非对称

基于学习目标的非对称，我们设计了不同的学习活动，如前所述。

4. 学习评价非对称

基于学习目标和学习活动的非对称，我们设计了不同的评价活动。

5. 语言非对称的认知对称

根据学生现阶段的水平，我们设计了基于其汉语语言能力的认知活动，同时基于其英语语言能力强化其认知，形成跨文化认知，使学生认知能力得到长足发展。

三、民族地区中小学非对称双语教育课堂成效分析

为探索少数民族地区中小学非对称双语教育（Asymmetrical Biliteracy Education）的可能性与有效性，我们根据课堂实践，选择2017—2018年基于非对称双语教育课例和英语文为主课例两种内容进行等量分析（各128节，具体课例计数见表9-2-1），发现以下成效。

表 9-2-1 / 非对称双语课例与英语文为主课例分类

主要学习内容分类	基于学生的分类	基于学段的分类			基于主要学习目标的分类					
		小学	初中	高中	词汇	语法	听力	口语	阅读	写作
非对称双语课例数	课例总数	12	24	28	16	8	8	10	14	8
	汉族学生为主的课例数量	6	12	14	8	4	4	5	7	4

续表

主要学习内容分类	基于学生的分类	基于学段的分类			基于主要学习目标的分类					
		小学	初中	高中	词汇	语法	听力	口语	阅读	写作
	少数民族学生为主的课例数量	6	12	14	8	4	4	5	7	4
英语文为主课例数	课例总数	12	24	28	16	8	8	10	14	8
	汉族学生为主的课例数量	6	12	14	8	4	4	5	7	4
	少数民族学生为主的课例数量	6	12	14	8	4	4	5	7	4
合计	课例总数	24	48	56	32	16	16	20	28	16
	汉族学生为主的课例数量	12	24	28	16	8	8	10	14	8
	少数民族学生为主的课例数量	12	24	28	16	8	8	10	14	8

以上课例经对比分析选出，其步骤为：

第一步：从本项目的中小学英语课例中选出各学段的非对称双语课例（母语或汉语内容难度超过英语内容难度），符合要求的课例为189节，其中少数民族学生为主的课堂的课例为32节（小学6节、初中12节、高中14节），内容分别涉及愚公移山、自相矛盾、庄子辩证思想、孔融让梨、秦渠、贺兰山岩画、拉祜族扎努扎别、维吾尔族阿凡提、蒙古族巴拉根仓、回族白文冠、布依族历史、撒拉族骆驼泉与儿歌、科学实验、民族艺术理解与传播、民族歌曲学习与传播、民族体育理解等。课例分别在广东广州、新疆吐鲁番、内蒙古鄂尔多斯、云南澜沧拉祜族自治县、宁夏吴忠、贵州黔西南布依族苗族自治州、青海循化撒拉族自治县等地进行。

第二步：我们对第一步所选出的以少数民族学生为主的非对称双语课例，按主要学习目标特征进行分类，析出"以发展词汇运用能力为主要学习目标，同时以主题为基础整合其他语言能力、文化意识、思维水平、学习能力为目标，而非单一词汇教学或仅以词汇为教学目标的课例"（简称"词汇"课例）8节，和与前述析出标准相同的语法、听力、口语、阅读、写作课例4节、4节、5节、7节、4节。

第三步：基于第二步的分类，我们从以汉族学生为主的课堂完成的非对称双语145节课例中，选出与少数民族学生为主的课例数量、分类标准完全对应的32节课例，即小学6节、初中12节、高中14节；词汇8节、语法4节、听力4节、口语5节、阅读7节、写作4节，以便进行比较分析。没有入选的课例主要为阅读课例，这些课例与入选阅读课例特性基本相同。

第四步：我们从与以上课例同一时段完成的其他659节课例中，按照与第二步、第三步完全对应的方式，选择以英语国家文化为主要学习内容的课例64节，即在以少数民族学生为主的课堂完成的、以英语为母语的社会文化为主要学习内容的课例32节（学段与主要目标分类完全与第二步课例相同）；在以汉族学生为主的课堂完成的、以英语为母语的社会文化为主要学习内容的课例32节（学段与主要目标分类完全与第二步课例相同）。

形成以上对应关系之后，我们分析了以上课例的有效性。128节课的课堂学习目标达成度存在显著差异，具体数据如表9-2-2、图9-2-1~图9-2-4所示。

表9-2-2 / 非对称双语课例与常规课例目标达成度比较[①]

主要学习内容分类	基于学生的分类	基于学段的分类			基于主要学习目标的分类					
		小学	初中	高中	词汇	语法	听力	口语	阅读	写作
非对称双语课例目标达成度	本类所有课例目标达成度/%	76	71	78	87	92	34	81	45	71
	汉族学生为主的课例目标达成度/%	79	75	79	89	93	38	87	44	75
	少数民族学生为主的课例目标达成度/%	73	67	77	85	91	30	75	45	67
英语文为主课例目标达成度	本类所有课例目标达成度/%	53	59	51	62	71	46	53	65	54
	汉族学生为主的课例目标达成度/%	66	63	54	65	75	45	55	68	56
	少数民族学生为主的课例目标达成度/%	40	55	48	59	67	47	51	62	52

[①] 此处目标达成度为"课堂学习目标检测结果+学生课堂行为表现观察记录"与教学设计预设目标之比。

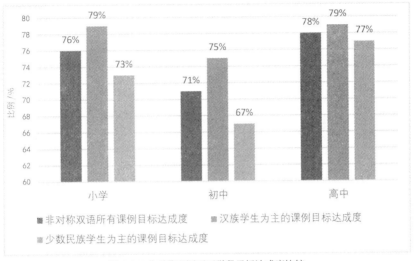

图 9-2-1 非对称双语不同学段目标达成度比较

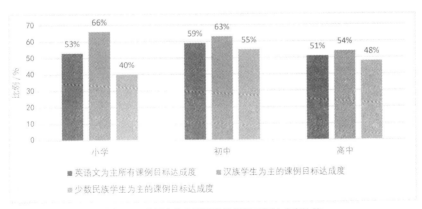

图 9-2-2 英语文为主不同学段课例目标达成度比较

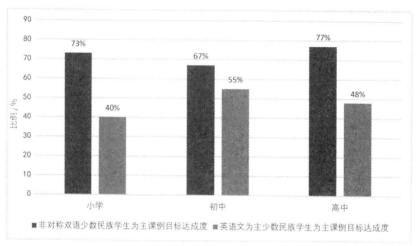

图 9-2-3 少数民族学生为主课例目标达成度比较

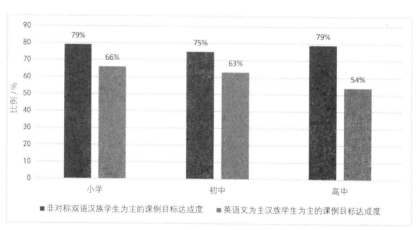

图 9-2-4 汉族学生为主课例目标达成度比较

基于以上数据统计，我们发现：

（1）以上非对称双语教育课堂的小学、初中、高中课例均具有较高的课堂目标达成度，分别为小学76%、初中71%、高中78%，目标达成度均显著高于中小学英语文常规教学课例。各学段对比为：小学76%~53%，初中71%~59%，高中78%~51%。这说明非对称双语形态的中小学英语文课堂，可以有效促进以上课例中小学、初中、高中学生的英语文学习目标达成度。三个学段成效基本相同。

（2）在以上非对称双语教育课堂的小学、初中、高中课例中，词汇为主要学习内容的课例目标达成度很高，达到87%，其中汉族学生为主课堂的词汇学习目标达成度为89%，少数民族学生为85%，均显著高于中小学英语文常规教学课例的词汇学习目标达成度。各学段对比为：总体87%~62%，汉族学生为主课堂89%~65%，少数民族学生为主课堂85%~59%。

通过具体课例分析，我们发现，非对称双语教育课例中的词义理解目标达成度非常高。以"回族母亲白文冠"为例，该课文讲述了马本斋的母亲白文冠为支持马本斋抗日被日本侵略者抓为人质要挟马本斋，最终白文冠绝食为国献身的故事。文章含有43个未学词汇与短语，课堂上全部学生掌握一半以上词汇与短语含义的这一学习目标，达成度为100%，甚至有两个学生掌握了全部词汇与短语的意义。以撒拉族"骆驼泉"为学习内容的课堂上，学生很快掌握了43个生词中的绝大部分，全部达到掌握一半生词的目标，最高正确率为42个。以要求学生掌握所列22个未学词汇与短语的"愚公移山"课例为例，课堂上一半以上（但低于60%）的学生可以达到15个以上，词汇学习目标达成度83%（目标为60%以上学生）。在小学课例"小马过河"中，刚刚开始学习英语文的小学生也可以在20分钟内完全掌握oh、river、deep、yes、no、try、bridge、great、hooray等词，并按照课本剧形式进行表演，目标达成度100%。基于词义进行深度理解的能力发展目标达成度也较高。如学生能够通过分析阿凡提与诸葛亮的故事深度理解clever与wise的语义区别，并学会运用。

（3）在以上非对称双语教育课堂的小学、初中、高中课例中，语法为主要学习内容的课例目标达成度高达92%，为本研究各项内容中目标达成度最高的项目。其中汉族学生为主的课堂词汇学习目标达成度为93%，少数民族学生为主课堂的为91%，均显著高于中小学英语文常规教学课例词汇学习的目标达成度。各学段对比为：总体92%~71%，汉族学生为主课堂93%~75%，少数民族学生为主课堂91%~67%。

以下面几个地区为例。在新疆吐鲁番的课例中，在学习"如何向英国学生介绍中国文化"的案例之后，全班学生用 I can 写出173个语句。尽管有单词拼写错误，但所有语句无任何语法错误，语法目标达成度为100%。在黔西南的课例中，学生在学习了 My shield is so strong that no spear can pierce through it. My spear is so strong that it can pierce through any shield. 这种具有逻辑性的语句后，用 so...that 进行单句表达，共完成语句82个，仅有1个语法错误（so 后面使用了名词），语法目标达成度为99%。在青海循化撒拉族自治县，小学四年级学生经过40分钟的学习，能较好地掌握撒拉族儿歌中的11个现在进行时语句，并且没有任何语法错误。

（4）在以上非对称双语教育课堂的小学、初中、高中课例中，听力为主要学习内容的课例目标达成度很低，仅为34%。其中汉族学生为主课堂的听力目标达成度为38%，少数民族学生为30%，甚至低于英语为主课例的听力学习目标达成度。各学段对比为：总体34%~46%，汉族学生为主课堂38%~45%，少数民族学生为主课堂30%~47%。这说明非对称双语形态的英语教学在发展学生的听力理解能力方面没有优势。

（5）在以上非对称双语教育课堂的小学、初中、高中课例中，口语为主要学习内容的课例目标达成度很高，达到81%。其中汉族学生为主课堂的口语学习目标达成度为87%，少数民族学生为75%，均显著高于英语为主课例的口语学习目标达成度。各学段对比为：总体81%~53%，汉族学生为主课堂87%~55%，少数民族学生为主课堂75%~51%。

在"向外国学生讲述孔融让梨的故事"为任务的课例中，学生根据跨文化传播需要改变故事视角，强调孔融"分配"梨，而不是"礼让"梨，然后讨论分梨的合理方式（by age, by size, by needs, by wants, by...），全体学生都能在小组活动中参与故事的讲述。在以"向美国学生解读唐诗"为任务的课例中，根据各自对唐诗情境的理解，在 It expresses/explores/illustrates...等结构的支持下，全体学生都能独自完成表述。

（6）在以上非对称双语教育课堂的小学、初中、高中课例中，阅读为主要学习内容的课例目标达成度不高，仅为 45%。其中汉族学生为主课堂的阅读学习目标达成度为 44%，少数民族学生为 45%，均显著低于英语为主课例的阅读学习目标达成度。各学段对比为：总体 45%~65%，汉族学生为主课堂 44%~68%，少数民族学生为主课堂 45%~62%。这说明非对称双语形态的英语教学对发展学生的阅读理解能力没有优势。

（7）在以上非对称双语教育课堂的小学、初中、高中课例中，写作为主要学习内容的课例目标达成度较高，达到 71%。其中汉族学生为主课堂的写作学习目标达成度为 75%，少数民族学生为 67%，均高于英语为主课例的写作学习目标达成度。各学段对比为：总体 75%~54%，汉族学生为主课堂 75%~56%，少数民族学生为主课堂 67%~48%。

在以"100 多年前在望谟传教的法国传教士后裔，希望了解他们祖辈生活过的望谟现在的发展"为任务的写作活动中，在案例的引领下，全班学生共同完成写作，写作能力发展目标达成。在"写出图片说明，向即将来访的外国学生介绍贺兰山岩画"的写作活动中，学生以小组为单位，写出介绍四幅漫画的 11 个语句，均较好地完成了任务。

以上分析显示，在本研究的 128 节课例中，与英语为主课例相比，非对称双语课堂，在小学、初中、高中学段，对于汉族学生和少数民族学生在以词汇和语法为目标的学习中，尤其是词义理解和语法运用方面，具有特别突出的优势；在口语和写作这两项表达性技能方面也具有较大优势；但在听力和阅读这类理解性技能中没有优势。在这两项技能中，中小学英语常规教学课堂反而具有更大优势，其中主要影响因素我们将在以后的实践中进一步研究。

2015 年以来，笔者先后在民族地区中小学开设多项非对称双语教育实践：小学涉及小马过河、彩虹、划小船、孔融让梨、狼来了、撒拉族儿歌、阿凡提、青蛙王子、沐浴节、牛婆、小红帽等内容，初中涉及 Stray Birds、贺兰山岩画、格拉更仓（蒙古族）、扎努扎别（拉祜族）、愚公移山、自相矛盾、Charlotte's Web、The Adventure of Tom Sawyer、Alice in Wonderland 等内容；高中涉及白文冠、骆驼泉、苗绣、八音坐唱以及 Do the right things、Work harder or smarter、The Little Prince、The Old Man and Sea、Pygmalion 和 Hamlet 等内容。实践证明，非对称双语教育课堂，对汉族学生和少数民族学生的学习均具有一定成效，对少数民族学生的成效更为显著。我们可以将其合理运用于少数民族地区的英语教育实践，促进少数民族地区英语教育事业的发展。

第十章 布依族地区外语教育非对称双语实践探索

第一节 外语教育非对称双语实践之布依簸箕画介绍

布依族是贵州的世居民族之一,新堡乡是离贵阳市区 40 千米的布依族乡,其中一个村寨——渡寨,以簸箕画闻名,具体见图 10-1-1。簸箕画是布依族的文化传统,也是贵阳市的非物质文化遗产,更是渡寨的名片。生活在新堡乡的中学生,理应深度了解簸箕画,对新堡乡的布依族文化进行传承。

笔者从学术期刊、报纸和政府网站选择了 4 篇从不同视角分析、介绍簸箕画的文章,给新堡民族中学生作为阅读材料,以帮助他们更深度地理解簸箕画及其文化价值内涵。笔者还通过自己的考察与文献查阅,引导学生了解我国侗族、苗族、汉族等其他民族制作的簸箕画,以发展学生对文化共性的认知。同时,笔者借助互联网,从世界的视角了解簸箕和簸箕画,找到了一些极有价值的资料,帮助学生从更为广阔的跨文化视角,把握簸箕、簸箕画文化的丰富性和深刻性。尤其是北美原住民(也称印第安人)簸箕画的历史意义和神圣性,非常值得从更深刻的视角研究。笔者希望通过这一介绍,帮助学生以簸箕画为立足点,构建广阔的跨文化视野,提高跨文化理解能力。

布依渡寨簸箕画起源于布依族人的日常生活。尤其是喜庆与祭祀活动中,布依人民经常用簸箕盛放制作好的糍粑。他们将打好的糍粑捏成各种形状,或捏成人物、动物、花卉等,放在簸箕里,然后再撒上颜色,最后取出糍粑,这样在簸箕里

图 10-1-1 渡寨簸箕画

就留下了好看的图案,这就是最初的簸箕画。簸箕画经过几百年的沉淀,已经形成了自己独特的布依族艺术风格①。

第二节 外语教育非对称双语实践之 Winnowing Tray Paintings in China and the World

随着世界各国交流的日益密切和中国在国际上社会地位的不断提高,"讲好中国故事"已经成为我国社会发展的强烈需求。为了发展新堡民族中学学生介绍本地簸箕画的能力,笔者引导学生根据所给出的中英文材料,学习如何开展介绍。

People all over the world use winnowing trays. How can we get the full grains from light matters, such as grass? We can winnow the grains. Look! Ancient Egyptians over 10,000 years ago started to do the winnowing.

---

① 此处部分材料来自:http://www.gysjw.gov.cn/html/2016-09/07/content_5241447.htm. 201904015 retrieved.

Winnowing trays are widely used for this task in many countries. Look, Chinese people use winnowing trays.

People in rice-growing countries use winnowing trays. Look, these two girls in Philippines are holding two winnowing trays. The name of the painting is A time to Winnow the Rice, and is drawn by Paul Hilario. He was born in 1972, that is, he is in his 40s now.

People in many countries like doing winnowing tray paintings.

China has a long tradition of bamboo culture and winnowing tray paintings. Ferryville (Duzhai in Chinese) at Xinpu Bouyei Township, Wudang District in Guiyang, southwestern China, is famous for winnowing tray paintings. Painting on winnowing trays is on the heritage list of Guiyang City.

Look at this girl and her hairdressing! How do you like it?

Look at this one!
What can you see?
A fish and fish bones!
How do you like it?

This one is different.
What can you see?
How do you like it?

Ethnic minority people in China, such as Miao and Dong also like doing winnowing tray paintings. So do Han people!

Look at the winnowing tray paintings of Miao Chinese.

What can you see?
How do you like it?

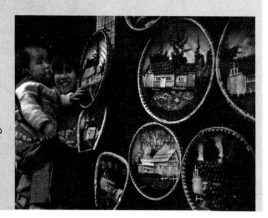

This Dong lady is introducing her winnowing tray paintings!

Aren't they beautiful?

These are some winnowing tray paintings by Han Chinese. Do you like it? Why or why not?

Students like this, too! These are some winnowing tray paintings by Chinese students. Have you ever learnt to do the winnowing tray painting? Do you want to take up a winnow tray to paint?

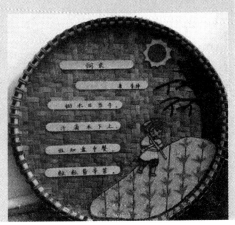

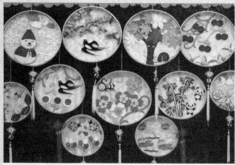

Native American people also have a long tradition of paint on winnowing trays. Look, these are on show in a famous New York museum.

Look, this Native American granny is working with a winnowing tray with paintings.

What can you see on them? What similarities and differences can you find between Chinese winnowing tray paintings and that of the Native Americans?

Wow! Look at the numbers! The winnowing tray paintings are very expensive!

People in Madhubani of India like paintings. They do some winnowing tray paintings!

African people do some winnowing tray paintings, too. What can you see on them? How do you like them?

Now, let's sum up.

From the above introduction, we know:

(1) Winnowing trays are widely used in the world history.

(2) There are some famous paintings about winnowers.

(3) Bouyei Chinese like and are good at doing winnowing tray paintings. Ferryville (Duzhai) is a home of winnowing tray paintings. It is on the Guiyang heritage list.

(4) Dong, Miao, Han Chinese also like and are good at doing winnowing tray paintings.

(5) Native Americans and African people like painting on winnowing trays, too.

Are you happy after knowing more facts about winnowing tray paintings?

Do you want to know more about winnowing tray paintings, or the world?

Let's learn English better and go into a bigger world, then we can learn more and know more.

Wish you have a better life by knowing more.

通过对汉语和英语材料的阅读和深入探讨，学生形成了对簸箕画的历史、形式和艺术特色的认知，了解了中国诸多民族与世界各地民族的簸箕画历史和相关文化，扩展了其跨文化认知的广度，而且其跨文化传播能力也得到了十足发展，这是非对称双语教育模式的典型成功案例。

笔者在该校的实践证明，这一非对称双语教育模式对于民族的文化教育和民族地区外语教育均有显著成效。学生们通过阅读大量适合自身水平的材料，更深度了解了布依簸箕画艺术，加深了民族文化价值认同，更通过基于自身水平的英语学习，提升了英语语言能力，尤其是用英语传播中华文化的能力。

第十一章 彝族地区外语教育非对称双语实践探索

第一节 外语教育非对称双语实践之彝族阿妹戚托歌舞艺术介绍

在我国这个多民族大家庭里，有一个历史悠久、文化灿烂的民族——彝族。彝族是我国人口第六大少数民族，有800多万人口，民族语言为彝语，属汉藏语系藏缅语族彝语支，有多种方言。彝族主要分布在滇、川、黔、桂四省（区）的高原与丘陵之间，主要聚集在楚雄、红河、凉山、毕节、六盘水和安顺等地。凉山彝族自治州是全国最大的彝族聚居区，在黔西南的晴隆、普安、兴仁、兴义等地也生活着彝族人民，其中晴隆县三宝彝族乡为彝族人口较为集中的民族乡。彝族人民热爱歌舞。火把节是彝族人民最盛大的传统节日，人们载歌载舞，举办各种传统体育赛事，以祈求风调雨顺，五谷丰登，六畜兴旺。三宝乡的阿妹戚托歌舞更是彝族传统文化中的重要组成部分，是彝族人民智慧的结晶，在研究民族学、民俗学、美学等学术研究方面以及在中外艺术交流活动中具有重要的学术研究价值。

为向晴隆县第六小学、第六中学彝族学生深度介绍阿妹戚托歌舞艺术文化，笔者从报纸和学术期刊中选择了3篇介绍阿妹戚托的文章，分别从不同视角分析、介绍了这一彝族艺术的瑰宝，以帮助学生更深入地理解阿妹戚托及其价值内涵。由于阿妹戚托被称为"东方踢踏舞"，笔者便选择了一篇介绍踢踏舞的短文，以帮助读者了解踢踏舞和阿妹戚托的异同。

为了向日益增加的外国游客介绍阿妹戚托这一彝族艺术瑰宝，帮助阿妹戚托小镇（国家AAA级旅游景区）的彝族、汉族和其他民族学生，以阿妹戚托为立足点，建构广阔的跨文化视野，发展跨文化能力，笔者编写了语言层次多样的非对称双语文本，以促进中华文化的传播，"讲好中国故事"。其中的英文文本并非中文文本的翻译，而是其非对称表达，这样做是为了适应学生英汉非对称的语言能力水平。同时，英文语句难度也不尽相同，以适应语言基础不同的人的复合形态需要。

此处因篇幅原因，省略了大部分介绍文字，仅保留基于实地调查和网络材料编写的介绍性文字和介绍性照片。

彝族历史悠久，其先民早在公元前 2 世纪就开始在祖国西南大地繁衍生息。古代西南有爨蛮一族，分东西两部，后西爨战败，东爨乌蛮统治，再后演变为白彝。白彝先民后迁离故土，跋山涉水进入北盘江流城，隐居深山，发展至今成为今日黔西南布依族苗族自治州晴隆县三宝彝族乡的彝族。三宝彝族乡于 1996 年成立，辖 3 个行政村 19 个村民组，共 1233 户，总人口 5853 人，居住着彝族、苗族、汉族三种民族。其中，彝族人口占 26.4%，苗族人口占 72.3%，汉族人口占 1.3%，少数民族人口占总人口的 98.7%。

彝族人民能歌善舞，在长期的生产实践中，创造了灿烂的文化，其中美妙的歌舞艺术是彝族传统文化的代表之一，三宝彝族乡的国家级非物质文化遗产"阿妹戚托"就是其典型代表。"阿妹戚托"不仅仅是"踢踏舞"，还是一种彝族婚嫁歌舞艺术形式。彝语"阿妹戚托"意为"姑娘出嫁舞"，形式为无音乐伴奏的歌唱与舞蹈。彝族新婚姑娘临出嫁时，寨中及邻寨的女伴们纷纷前来为新娘送行，在与新娘离别之际，她们用这种舞蹈表达其依依难舍的心情，同时希望新娘出嫁之后，勤俭持家、孝敬公婆、相夫教子、尊重寨邻，并祝福新娘与丈夫全家和睦相处、兴旺发达。阿妹戚托为女子群舞，人员增减以偶数计，手拉手即可起舞，队形或呈直排，或呈圆状。歌舞分为 12 小节：伞踏（意为"欢送出嫁"）、西踏非踏母（意为"勤俭持家"）、含各勾梁（意为"送镰刀"）、其兰朵（意为"送粑粑"）、密几包（意为"农闲"）、其摩罗（意为"播种"）、哄的（意为"插秧"）、节根间（意为"幸福靠劳动"）、美液朵（意为"薅秧"）、机堵（意为"耕作"）、吉踏吉摩踏（意为"劳动快乐"）和其醒然（意为"祝新娘终身幸福"）。阿妹戚托是彝族人民农耕与婚嫁文化的结晶，是家庭教育的重要形式，是彝族女子出嫁前的最后一节课，距今已有 500 多年的历史。通过母女传承而在家庭母系中世代相传，以口述其动作之含义和要领，再手把手教导其手之舞、足之蹈，从而令其动作规范，使之保持历史的、原汁原味的艺术形态。

该歌舞曾于 1956 年参加贵州省第一届工农业艺术会演并荣获优胜奖，后进京在怀仁堂为中央领导演出，得到周恩来总理的接见和赞誉。

此后,由于生产、生活、经济贫困等因素制约,阿妹戚托歌舞渐渐匿迹,湮没长达20余年。1981年,经晴隆县文化馆抢救,后载入《晴隆县志》,使之得以传承,逐渐恢复,并参加省州演出活动,于2014年8月被列入第四批国家级非物质文化遗产项目名录。阿妹戚托从此成为晴隆向外界宣传和推介的一张文化名片。

在阿妹戚托歌舞中,彝族人民用踢脚的动作作为节奏器,为歌曲伴奏,使歌舞整齐划一。因其脚掌发出的踢踏之声极为脆响,且以足传情,使人震撼,予观者的视觉冲击力和艺术感染力令人叹为观止,故而在对外传播中也被誉为"东方踢踏舞"。但笔者认为,阿妹戚托完全不是踢踏舞,因为阿妹戚托以歌为主,其踢踏动作是为歌形成整齐节奏,而非歌的本身所需。而踢踏舞没有歌唱,甚至少有音乐,主要通过踢踏动作的节奏快慢、声音高低等进行表达。踢踏舞的目的亦非婚嫁教育,而是舞蹈情感的表达。所以,在对外传播中称阿妹戚托为"东方踢踏舞"虽无可厚非,但踢踏舞并非阿妹戚托的实质。阿妹戚托的实质是彝族婚嫁教育,歌舞是其形式,踢踏是其动作。

第二节 外语教育非对称双语实践之 Ameiqituo: Chinese Yi People's Dance and Sing Performance

晴隆县地处贵州与云南交界处，是古代茶马古道的重要之地。1935年，为打通中缅通道而在晴隆修建黔滇公路，晴隆因此成为西南国际大通道的战略关隘和重要节点。盟军援华物资经过滇缅公路、"驼峰"航线以及中印公路到达昆明后，必须经滇黔公路晴隆"二十四道拐"盘山公路，然后运至湘、桂等抗战前线及当时抗战大后方陪都重庆。1943年秋，美国公路工程部队1880工兵营进驻贵州晴隆修筑滇黔公路，并对包括"二十四道拐"在内的沙子岭路段实施设计、改造和维护工作。1945年年初，首批由美军驾驶的车队由印度利多经缅甸密支那通过"中印公路"（被命名为"史迪威公路"）到达中国云南边境畹町。抗战胜利后由于美国随军记者拍摄的令人震撼的超现实图景而成为名震世界的"史迪威公路"形象标识，贵州晴隆"二十四道拐"抗战公路由此随史迪威公路载入史册。它是"二战"时期国际援华物资运输大通道和"抗战生命线"的重要组成部分，为抗战取得最终胜利做出了不可磨灭的贡献。为此，晴隆县修建了史迪威小镇，越来越多的国际游客来此参观游览。他们大多顺道访问离史迪威小镇不远的阿妹戚托小镇，欣赏彝族阿妹戚托歌舞文化。

为帮助晴隆县第六中学学生介绍阿妹戚托文化，笔者让学生在阅读了2万字中文文献的基础上，阅读以下中英文介绍，学习如何向外国游客介绍彝族阿妹戚托歌舞文化。

Do you know Ameiqituo? It is amazing!

Do you want to introduce it to the world? Tick the sentences you can use and then introduce it.

阿妹戚托是我国彝族人民的艺术瑰宝，是一种载歌载舞的艺术形式。

○ Look at the girls.

○ They are very happy!

○ They are dancing and singing.

○ They are doing Ameiqituo.

○ It is a dance and sing performance.

○ They are Chinese Yi people.

○ Yi is an old ethnic group. It is thousands of years old.

○ They live in many parts of China; and some are out of China.

阿妹戚托经常被称为"东方踢踏舞"。其实，阿妹戚托与踢踏舞有同更有异。阿妹戚托的确有踢踏舞一样的踢踏动作，但踢踏舞没有歌唱，因为要凸显踢踏的声音；而阿妹戚托更为重要的是歌唱，而不是舞蹈。所以，把阿妹戚托称为"东方踢踏舞"，其实是损失了其中最有价值的歌唱部分。

○ In Ameiqituo, girls do tap dance.

○ So it has a name: Chinese tap dance.

○ It is also called the oriental tap dance, comparing with the western tap dance.

○ But it is not only dance.

○ In Ameiqituo, people dance and sing.

○ In tap dance, people never sing. So they can make big sounds of taps.

○ But in Ameiqituo, singing is more important.

○ The full name of Ameiqituo should be Ameiqituo dance and sing performance.

踢踏舞是男女老少皆可表演的舞蹈，而且在全世界很多国家以及我国很多民族中都有类似舞蹈。而阿妹戚托是彝族女性的歌舞活动，是彝族文化教育的重要活动。阿妹戚托是彝族新娘出嫁前，姐妹们为她庆祝、母辈们对她进行文化传承与教育的重要活动。无论是重温彝族劳作技能，还是了解家庭教育的道德要求，都是彝族女性一生中最重要的传统文化教育活动。这与踢踏舞有本质区别。期待您更多、更深入地了解阿妹戚托这份彝族的艺术瑰宝。

○ Tap dance is for all the people.

○ Tap dance is a world dance.

○ There are tap dances in America, Europe, Africa, Asia... And in China, there are tap dances in many places, such as Tibet, Suzhou, Fujian...

○ Ameiqituo is for girls and mothers.

○ Ameiqituo is a dance and sing act for brides.

○ Girl friends of the bride sing a lot to her for celebration.

○ Mother, grandmother, aunts of the bride sing a lot to her to give her some important advice.

○ So, Ameiqituo is an education, not only dance and sing.

以上材料采用典型的非对称英汉双语编制，英语部分远比汉语部分内容简略、语言简单。汉语部分与学生已有汉语语言能力以及基于汉语的认知能力相符，而英语部分亦与学生已有的英语语言能力以及认知能力相符。这样既确保了学生学有所获，又保证英语不会成为学生在学习过程中的障碍。

笔者在晴隆县第六中学的实践证明，这一材料不仅受到学生喜爱，而且基于这一材料的非对称双语教育实践，切实加深了学生对阿妹戚托文化的认知，形成了对其更深的文化价值认同，并全面促进了学生的英语学习兴趣，使每一个学生的英语水平都得到了提升。